W0176959

Ewald Spieker (Hg.)

Kaplan Bernhard Poether
(1906 bis 1942)
KZ-Priester des Bistums Münster

dialogverlag

Ewald Spieker (Hg.)

Kaplan
Bernhard Poether

(1906 bis 1942)
KZ-Priester des Bistums Münster

dialogverlag

Bibliografische Information Der Deutschen Bibliothek
Die Deutsche Bibliothek verzeichnet diese Publikation in der Deutschen
Nationalbibliografie; detaillierte bibliografische Daten sind im Internet über
http://dnb.d-nb.de abrufbar.

ISBN 978-3-941462-96-0
1. Auflage 2014
© 2014 by dialogverlag Münster

Das gesamte Werk ist im Rahmen des Urheberrechtsgesetzes geschützt. Jegliche
vom Verlag nicht genehmigte Verwertung ist unzulässig. Dies gilt auch für
die Verarbeitung durch Film, Funk, Fernsehen, fotomechanische Wiedergabe,
Tonträger jeder Art, elektronische Medien sowie für auszugsweisen Nachdruck und
die Übersetzung.

Gesamtherstellung: **dialog**verlag Münster

Inhalt

Autoren

Dr. Meinulf Barbers, geboren 1937, Korschenbroich, Oberstudiendirektor i. R., langjähriger Bundessprecher des Quickborn und Vorsitzender der Freunde von Burg Rothenfels.

Dr. Herbert Sowade, geboren 1935, Münster, früherer Leiter des Bistumsarchivs Münster, Mitglied im Arbeitskreis Bernhard Poether.

Gisbert Strotdrees, Münster, geboren 1960, Redakteur beim Landwirtschaftlichen Wochenblatt Westfalen-Lippe; Lehrbeauftragter an der Universität Münster. Mitglied im Arbeitskreis Bernhard Poether.

Ewald Spieker, Münster, geboren 1936, Pfarrer emeritus, langjährig tätig in unterschiedlichen Aufgaben in der Diözese Münster und innerhalb der Stadt Münster. Mitglied im Arbeitskreis Bernhard Poether.

Bildnachweise

Bistumsarchiv Münster: S. 13, 17, 33, 37, 39, 51, 52, 59, 69, 91
Michael Grottendieck: S. 9, 36, 45, 65, 90, 92, 94, 133, 135
Nobert Ortmanns: S. 87, 95
Ansgar Barbers: S. 110
Elisabeth Egger: S. 10
Privatarchiv/K+L: S. 8, 22, 122
Institut für Stadtgeschichte Gelsenkirchen: S. 120
Religio – Westfälisches Museum für religiöse Kultur Telgte, S. 122
Gisbert Strotdrees, S. 126

Umschlaggestaltung:
Nieschlag + Wentrup, Büro für Gestaltung, Münster

Vorwort

Von Ewald Spieker

Die Zahl der Opfer des Nationalsozialismus zählt sich in Millionen, zig Millionen, unvorstellbar die Schicksale und Leiden von schuldlosen Menschen! Unvorstellbar die Gräueltaten!

Dieses Buch zeigt uns den Lebens- und Leidensweg von Kaplan Bernhard Poether, einem Opfer unter Millionen, einem Mann mit Gesicht, einem Märtyrer des 20. Jahrhunderts. Wir veröffentlichen dieses Buch, weil das Glaubenszeugnis und das Schicksal dieses Menschen uns berühren. Wir möchten an sein Leben und Sterben erinnern.

Schöne Erfahrungen in seiner Jugendzeit und vor allem die dunkle Hintergründe der NS-Zeit prägen das Leben dieses engagierten jungen Priesters der katholischen Kirche. Sein Schicksal ist einzigartig, es ist allerdings eng verwoben mit vielen schicksalhaften Erfahrungen anderer Opfer des Nationalsozialismus.

In den Jahren der Nachkriegszeit erinnerten sich im Ruhrgebiet und in Münster-Hiltrup viele intensiv an Kaplan Bernhard Poether. Es gab allerdings auch Zeiten, in denen sein Lebensschicksal fast vergessen wurde. Im Herbst 2008 gründeten Frauen und Männer in der Gemeinde St. Clemens in Hiltrup einen „Arbeitskreis Bernhard Poether". Hauptziel dieser Gruppe war und ist es, das Andenken an diesen einzigartigen Priester lebendig zu erhalten.

Es ist fast unbegreiflich, wie Kaplan Bernhard Poether und mit ihm unzählige Menschen unter schwierigen Bedingungen in der damaligen Zeit und unter lebensbedrohlichen Umständen den Weg ihrer inneren Überzeugung gegangen sind und an ihrem Glauben festgehalten haben. Sehr viele von ihnen haben gerade aus diesem Glauben Kraft empfangen. Natürlich stellt sich mir die Frage, warum heute, unter ganz anderen Bedingungen und ohne lebensbedrohenden Druck, so viele Menschen den Glauben verlieren.

Herzlich danke ich allen, die in diesem Arbeitskreis mittun. Ebenso sage ich herzlichen Dank den Autoren, die Beiträge zu diesem Buch geschrieben haben, den Fotografen und vielen Frauen und Männern, die im Hintergrund am Zustandekommen dieses Buches mitwirkten, sowie Johannes Bernard vom Dialogverlag für die redaktionelle Bearbeitung.

Unserem Bischof Dr. Felix Genn danke ich für sein förderndes Interesse an Kaplan Bernhard Poether. Schon zwei Mal war er als Bischof an dessen Grab in der St.-Clemens-Kirche in Hiltrup.

In der Gemeinde St. Joseph in Bottrop hat sich im Herbst 2012 eine Initiative gebildet, um die Seligsprechung von Kaplan Bernhard Poether zu beantragen. In Hiltrup haben wir uns diesem Wunsch gern angeschlossen. Wenn es Gottes Wille ist ... Falls die Begegnung mit Bernhard Poether in diesem Buch etwas in Ihnen auslöst, das Sie uns mitteilen möchten, schreiben Sie uns gern:

Ewald Spieker, Kortumweg 58, 48165 Münster

Grußwort

Von Bischof Dr. Felix Genn

Den Spuren von Kaplan Bernhard Poether bin ich inzwischen mehrfach begegnet: Zuerst als Bischof in Essen und nun hier in Münster. Im Ruhrgebiet war Bernhard Poether in den wenigen Jahren seines priesterlichen Wirkens in drei Gemeinden als Kaplan tätig. Seine Kindheit verbrachte er dagegen in Münster. Hier wurde er auch zum Priester geweiht, und in Münster, in der Hiltruper Clemenskirche, in welcher ich schon mehrfach die Eucharistie feiern durfte, befindet sich auch sein Grab.

Vor allem in seiner Familie und in der Jugendbewegung lernte er Christus kennen und entschied sich, ihm zu folgen. Mit jugendlicher Begeisterung fasste er den Entschluss, Christus zu bezeugen in den Ländern des Ostens, vor allem in Russland, das durch den Bolschewismus immer mehr zu einem atheistischen Land wurde. Sein Kelch zeigt uns bis heute, dass Kaplan Poether von der Berufung erfüllt war, als Priester nach Russland zu gehen. Diesen Weg hat er nie gehen können. Vielmehr führte sein Weg ins Gefängnis und in zwei Konzentrationslager, wo er in Dachau starb.

Was ihn zum Widerstand im Dritten Reich bewegte und wie er als junger Priester polnischstämmigen Menschen im Ruhrgebiet hilfreich zur Seite stand, das wird den Lesern in dem Buch anschaulich eröffnet.

Ich erlebe immer wieder, wie sehr junge Menschen nach glaubwürdigen Zeugen fragen. Hier ist ein Priester, der in schwerer Zeit seiner Berufung folgte und sein Leben ganz für Christus einsetzte, bis zur Lebenshingabe. In dem Priester Bernhard Poether wuchs die Bereitschaft, als Märtyrer zu sterben und so, auch für unsere Zeit, ein Beispiel echter Christusnachfolge zu geben, die reich und nicht arm macht.

„Diesen Mann dürfen wir nicht vergessen", fordert Dr. Ludwig Klockenbusch im ehrenden Blick auf seinen Freund Bernhard Poether. Ich schließe mich diesem Aufruf gern und von Herzen an. In diesem Sinne danke ich den Frauen und Männern, die in Vergangenheit und Gegenwart das Glaubenszeugnis dieses besonderen Priesters wach hielten und halten, ganz besonders. Herzlich danke ich an dieser Stelle vor allem jenen, die uns durch ihre Schilderungen in diesem Buch einen erhellenden Blick in die Lebensgeschichte von Kaplan Poether und in die damalige Zeitgeschichte geben. Für die Bewerkstelligung der Veröffentlichung gilt mein Dank dem Arbeitskreis Bernhard Poether in Hiltrup und dem Dialogverlag.

Den Leserinnen und Lesern im Glauben dankbar verbunden
Ihr Bischof
+ Felix

Kaplan Bernhard Poether – ein Lebensbild

Von Dr. Herbert Sowade

Zeittafel

Kaplan Bernhard Poether
geboren am 1. Januar 1906 in Datteln
geweiht am 17. Dezember 1932 in Münster
gestorben am 5. August 1942 in Dachau

Kindheit, Schulzeit und Studium:

6. Januar 1906 Taufe in St. Amandus
Datteln
1912 eingeschult in Horstmar
1912-1916 Besuch der Volksschule
in Hiltrup
1916-1927 Besuch des Gymnasiums
Paulinum in Münster
1927-1932 Studium der Theologie
in Münster und Freiburg
17. Dezember 1932 Priesterweihe im
Paulus-Dom zu Münster
26. Dezember 1932 Feier der Primiz in
St. Clemens Hiltrup

Bernhard Poether, gemalt vom Bottroper Künstler Heinz Eickholt 1979.

Berufsstationen, Inhaftierungen:

Vic. subst.: 27. Dezember 1932 bis 15. März 1933 St. Pankratius Südkirchen
Kaplan: 16. März 1933 bis 30. Januar 1934 ULFR Gelsenkirchen-Buer
Stud. poln. Sprache von Februar 1934 bis Januar 1935 Krakau
Vikar vom 15. Januar 1935 bis August 1936 St. Katharina Ciecina
Kaplan vom 6. August 1936 bis April 1939 Herz-Jesu Gladbeck-Zweckel
Kaplan vom 11. April 1939 bis 22. September 1939 St. Josef Bottrop-Batenbrock
Häftling vom 22. September 1939 bis 26. Februar 1940 im Gefängnis Bottrop,
danach Abtransport
20. März 1940 bis 1941 KZ Sachsenhausen Oranienburg bei Berlin, danach Abtransport am 10. April 1941 ins KZ Dachau. Dort verstarb er am 5. August 1942.

Prolog

Bernhard Poether – Priester auf ewig

Schon lange hatte er dem Tag entgegengefiebert. Nun war es so weit. Im Paulus-Dom zu Münster rief Weihbischof Johannes Scheifes anstelle des im Sterben liegenden Diözesanbischofs Johannes Poggenburg Bernhard Poether aus der Schar der 38 Diakone auf: „Bernhard Poether, bist du bereit, dein Leben Gott zu weihen, um als Priester im Dienst der römisch-katholischen Kirche deinen Dienst im Weinberg des Herrn lebenslang zu verrichten?" „Ja, ich bin bereit." Aus vollem Herzen sprach Poether als junger Mensch von 27 Jahren am 17. Dezember 1932 sein „Adsum". Er wusste nicht, dass sein Dienst keine zehn Jahre dauern und sein Leben als deutscher Staatsfeind hinter Stacheldraht im Konzentrationslager Dachau am 5. August 1942 elendig enden würde.

Endlich frei, der „Kasten" (Priesterseminar) lag hinter ihm, um in der Welt und unter den Menschen und nicht nur am Altar, Zeugnis abzulegen. Er fühlte sich gut vorbereitet, von seiner Familie unterstützt, von seinen Freunden ermutigt und voller Erwartung, wohin ihn sein Weg auch führen sollte. Seine Berufung war die Gemeindeseelsorge. Die Pfarren waren ahnungslos, welchen Kaplan ihnen die Behörde des Bistums Münster schicken würde. Poether konnte seinen Seelsorgebezirk natürlich nicht frei wählen. Sein geheimer Wunsch war die Seelsorge in Russland, nicht etwa bei „Gastarbeitern" oder „Ruhrpolen",

Familie Poether am Tag der Priesterweihe von Sohn Bernhard.

die längst im Deutschen Reich eingebürgert waren, aber noch ihre heimatliche Kultur und Sprache pflegten. Er wollte als Streiter gegen den Kommunismus nach Russland, um dort den Menschen die Botschaft des Evangeliums zu bringen. Deswegen hatte er Russisch gelernt, um von Polen aus später nach Russland zu kommen. Solche Vorstellungen von einem Diözesanpriester waren ungewöhnlich und blieben Träume. Die Diözese Münster war groß genug, um hier als Geistlicher zu wirken. Sie hatte 447 Pfarreien mit rund 1,8 Millionen Katholiken. Priester gab es reichlich: 1410 Priester und 260 Ordensleute. Aber Poether blieb dabei, sein Ziel zu verfolgen, und er schaffte es in der Mitte seines priesterlichen Wirkens zwischen den westfälischen Kaplanstellen: Südkirchen, Buer und Gladbeck, sowie Bottrop tatsächlich in die polnischen Beskiden, in die Erzdiözese Krakau, nach Ciecina beurlaubt zu werden.

Aus seinem Weihekurs war er der einzige, den es in die Ferne zog. Sein Onkel, der Pallottinerpater Georg Timpe, schrieb diesen Wandertrieb dem Familienerbe zu. Poether mochte sich eher von seinem Bischof angeregt und bestätigt fühlen, „mit der Fahne Christi in der Hand" gegen eine Bewegung der Gottlosen zu kämpfen, die aus Russland gekommen war, um zum Abfall von Christus und der Religion aufzufordern, und die das heilige Weihnachtsfest beschimpfte.

Die Feierlichkeiten zur Priesterweihe im Dom kurz vor dem Weihnachtsfest verdrängten die Gedanken an die Verfolgung der Kirche. Sie waren wohl eher bestimmt von dem Hochgefühl, in einen besonderen Stand einzutreten, allgemein geachtet und vom Stolz der eigenen Familie getragen zu sein. Nach der Weihe im Dom um 7 Uhr gingen die Geweihten erst einmal stillschweigend zum Seminar. Nach Tisch hatten sie bis 17 Uhr Ausgang und konnten sich ihren Verwandten widmen. Am folgenden Tag, dem Tag der ersten hl. Messe, fand noch das Primizessen im Borromaeum statt, ehe es zum Weihnachtsfest und zur Feier der Heimatprimiz nach Hiltrup (seit 1975 ein Stadtteil Münsters) ging. Am Festtag des ersten Martyrers der Kirche, des hl. Stephanus, wurde Primiz in St. Clemens gefeiert. Diese wurde in der Münsterschen Zeitung unter der Rubrik „Katholische Kirche" wie folgt angekündigt: „2. Weihnachtstag 9.45 Uhr feierliches Primizamt des Neupriesters Bernhard Poether". Mehr wurde offenbar, auch anschließend, nicht berichtet.

Heimat Westfalen: Von Datteln nach Münster-Hiltrup 1906-1932

„Meine Heimat" umschrieb Poether eine Photographie mit dem Posthaus in Horstmar und drückte dies in Mundart und seiner stets beibehaltenen Sütterlinschrift aus: „Miene Heimat is en Krans von Eckenlauf um wilde Rausen."

Geboren aber wurde er in Datteln am Neujahrstag 1906 und auf Heilige Drei Könige in St. Amandus getauft. Bei Poethers waren es nun drei Kinder im Hause des Postmeisters Bernhard Heinrich aus Waltrop und Maria, geb. Timpe, aus Iburg. Obwohl die Heimatorte der Eltern um einiges entfernt lagen, waren die Familienbande fest. Die Namen der in Gelsenkirchen-Horst geborenen Geschwister waren aus der Familie genommen: Hermann, der Älteste, bekam seinen Namen vom Großvater Hermann Pöter (!), Linnenweber. Schwester Maria erhielt ihren Namen von der Mutter. Bernhard, der jüngste Spross, führte den Namen vom Vater der Mutter, dem Bäcker Bernhard Timpe. Bei den Timpes wurde der Name „Bernard" geschrieben und rührt von der lateinischen Form Bernardus her, also ohne „h", so auch bei dem Täufling. Diese Schreibweise war sehr verbreitet. Der Patenonkel hieß so und der elterliche Trauzeuge, ein Geschäftsführer aus Osnabrück. Unser Bernard schrieb sich selbst immer mit „h" und ohne seinen Zweitnamen Heinrich, den er von seinem Vater bekommen hatte.

Wie viele Verwandte sich bei der Taufe eingefunden hatten, ist nicht bekannt. In der Kirche hing das Amanduskreuz aus romanischer Zeit. Benannt ist es nach dem Kirchenpatron, war hochverehrt und stellt Christus, den Heiland der Welt, dar. Bernards Mutter soll bei seiner Geburt am Neujahrstag den Wunsch gehabt haben, dass ihr Sohn Priester werden möchte, um in die Welt hinauszugehen und selbst zu taufen und zu lehren (Mt 28,19). Um diese Zeit kamen erst einmal Fremde, Italiener und vor allem die sogenannten Westfalenpolen, aus Gebieten, die später 1921 zum neu erstandenen polnischen Staat gehörten, wegen Kanal- und Grubenarbeit nach Datteln. Pfarrer Anton Janssen von Amandus (1865-1900) berichtete von der Mühe, einen sprachkundigen Priester zu bekommen, um Pastoration unter den Polen zu halten. Seit 1892 war ein Jesuitenpater in dieser Gegend der Kohleindustrie unter den fremdsprachigen Gläubigen tätig. Der Bau des Dortmund-Ems-Kanals begann 1891 bei Olfen. Von den dort Arbeitenden empfingen 120 Polen, darunter zwei Frauen, die Sakramente. Viel wusste Pfarrer Janssen über die Polen nicht zu berichten, außer dass sie gern die polnischen Muttergotteslieder gesungen hätten und nach der Predigt in die Skapulierbruderschaft aufgenommen wurden. Er hatte wohl keine gute Meinung von ihnen. Er meinte, viel Heil hätten die Kanalarbeiter der Gemeinde nicht gebracht, besonders die Polen versöffen, was sie am Tag verdienten.

Interessant war das schnelle Wachstum der Bevölkerung: Von seinem Amtsantritt (1865) mit 3500 Einwohnern habe sich die Zahl bis zur Jahrhundertwende fast verdoppelt. Poethers konnten bei ihrem baldigen Umzug nach Horstmar (1910) nicht ahnen, dass ihr Sohn die Integration der Fremdarbeiter als sein Arbeitsfeld erleben würde. Über seine ersten Lebensjahre in Datteln verlor Bernhard kein Wort.

Sesshaft wurde die Familie des Postmeisters Poether erst in Hiltrup zwei Jahre später. Aber Hiltrup war in Bewegung. Die Postanschrift der Familie lautete Klosterstr. 4. Die Dienststelle des Vaters lag ganz in der Nähe: Marktallee. Die Marktallee war zur Hauptstraße geworden, führte sie doch zum Bahnhof und an den Dortmund-Ems-Kanal, der 1899 von Kaiser Wilhelm II. für den Schiffsverkehr freigegeben worden war. Zunächst wurden auf dem Kanal die Pünten noch von Mensch und Pferd gezogen. Bernhard ging zur 1904 errichteten und 1911 erweiterten Knabenschule. Zur 100-Jahrfeier der Clemensschule stand als Begleitschrift zum Klassenzimmerabbild: „Kreuz und Kaiser an der Wand und die Sütterlinschrift auf der Tafel." Ein Jahr später begann der Neubau der Pfarrkirche St. Clemens mit der Grundsteinlegung. Eingeweiht wurde sie am 26.11.1913.

Sie lag, ähnlich dem neuen Pfarrhaus, genau der Wohnung der Familie Poether gegenüber. Der Pfarrer des Kirchbaus, Franz Unckel (1906-1931), wurde für den heranwachsenden Bernhard ein Vorbild. Er schrieb ihm einen Nachruf, in dem er dessen Predigten und Eifer im Schulunterricht besonders hervorhob.

Leider fehlen im Pfarrarchiv St. Clemens Kommunion- und Firmbücher. Die Erstbeichte Bernhards wurde 1914 eingetragen. Es ist wahrscheinlich, dass er dann auch am Weißen Sonntag desselben Jahres zur Erstkommunion ging und nicht erst mit 13 Jahren. Aus dem vorhandenen Publikandum von 1920 wurden die Erstkommunionkinder mit ihren Eltern zur Maiandacht um 14.30 Uhr eingeladen. Die Erstkommunion wurde in diesem Jahr am Fest Christi Himmelfahrt begangen. Die Kinder wurden um 7.30 Uhr von der Schule in Begleitung der Eltern zur Kirche abgeholt. Nach dem Glaubensbekenntnis folgten Predigt und Messe. Der erhaltene Firmungsplan von 1922 sah vor, dass sich die aus der Schule entlassenen Jünglinge in der Knabenoberklasse und die Jungfrauen in der Mädchenoberklasse eintrugen. Eine Woche später erging der letzte Aufruf zur Namenseintragung im Pastorat unter Angabe des Geburtsdatums. Eine weitere Woche darauf, um 14.30 Uhr wurde der verpflichtende Firmunterricht gehalten. Einen Monat später wurde dann der Bischof um 15.30 Uhr am Empfangsbogen auf der Geist abgeholt. Um 18 Uhr wurde der Bischof dann offiziell vom Empfangsbogen Bahnhof und Hermannstraße in einer Prozession in die Kirche geleitet, wo er nach einer Ansprache und dem bischöflichen Segen in das nahe gelegene Pfarrhaus geführt wurde. Der Firmtag begann mit einer hl. Messe um 8 Uhr, danach spendete der Bischof das Firmsakrament. Die Liturgie beschloss er mit einer Ansprache. Dann geleiteten die Engelchen und die Messdiener die Geistlichkeit ins Pastorat.

Weil die Kirche nur einen Sprung über die Straße vom Elternhaus entfernt war – zudem waren Postamt und Sparkasse, die Arbeitsstätten von Vater und Bruder Hermann, auch gleich nebenan – wuchs Bernhard in der Mitte des örtlichen Geschehens auf. An der Hauptstraße zeigte sich der Wechsel vom Alltag zum Sonn- und Feiertag. Trauer und Feier gaben ein farbiges Bild menschlichen Lebens von der Taufe bis zum Trauerzug auf dem Friedhof Himmelreich. Die Fahnen der örtlichen Vereine wurden bei allen Hochfesten, Prozessionen und Umzügen mitgeführt. Die Sodalität (Marianische Kongregation) trug zur Gestaltung der Liturgie wesentlich bei. Angeraten war, sich

St.-Clemens-Kirche in Hiltrup, erbaut 1912/13.

am besten gleich mit allen Familienmitgliedern in die Kongregation einschreiben zu lassen. Vater und Bruder Bernhards waren selbstverständlich dabei. Im Sodalenverzeichnis des Collegium Borromaeum wurde vermerkt, dass Bernhard Pöther (!) und sein Freund aus Dülmen, Ludwig Klockenbusch, bereits der Kongregation angehörten.

Die Herz-Jesu-Missionare (MSC) hatten in Hiltrup ein imposantes Kloster mit einer Schule für geistliche Berufe und den Klosternachwuchs errichtet (1897). Beide Gebäude lagen in greifbarer Nähe. Obwohl Bernhard ein Leben in fernen Ländern hätte locken können und die Sammlung von exotischen Vögeln, Masken mit Ahnenfiguren aus den Missionsländern im Kloster große Anziehungskraft besaß, das bunte Treiben der Gymnasiasten dort nicht zu übersehen und zu überhören war, fühlte er sich davon nicht angezogen. Zumindest hat er sich über die Heidenmission in seiner Schulzeit nicht geäußert. Die Kunde von dem gefährlichen Leben in der Mission, dass Hiltruper Missionare ihres Glaubens wegen ermordet worden waren und sogar Pater Josef Winkelmann (MSC) aus Hiltrup, Sohn des Postboten, von Räubern in China umgebracht wurde (1928), hätte Bernhard nicht abgeschreckt – aber er hatte offenbar keinen Sinn für ein im Orden gebundenes Leben. Auch das Leben eines entfernten Verwandten, des Pallottinerpaters Georg Timpe (SAC), der 1920 Generalsekretär des „Raphaelvereins zum Schutz deutscher Auswanderer" geworden war und 1930 selbst nach Amerika zog, konnte ihn nicht locken.

Bernhard ging auf das münstersche Gymnasium Paulinum und wanderte in den Schulferien jugendbewegt durch Deutschland. Elf Jahre dauerte sein humanistischer Reifungsprozess, bis er 1927 sein Abschlusszeugnis in Händen hielt.

Jugendbewegt: Unterwegs quer durch Deutschland

Seine Fahrtenbuchaufzeichnungen hatte er in Sütterlin geschrieben und Postkarten und Photographien zum Text eingeklebt. Nach eigener Datierung begann er 1921 sein „Lexikon" zu verfassen. Diese Zeilen waren seine Lebensmelodie neben seinem gymnasialen Schülerdasein. Die Schule empfand er drückend. Wenn er aus dieser Zeit etwas über seine Schule verriet, dann nur, dass er hinter den Büchern an Aufgaben in seiner Bude hocken musste. Sein Sehnen galt der Natur. Dorthin zog es ihn, einem Vagabunden gleich, auf die Landstraßen der Welt. Diese Sehnsucht, die beim Büffeln der Schulaufgaben keine Erfüllung fand, suchte ihren Ausweg in Träumen und in niedergeschriebenen Zeilen, die für seine Fahrtgenossen bestimmt waren und ihm selbst zur Erinnerung dienen sollten. Die Fahrt, wohin auch immer, wurde zur Metapher der freien Entfaltung, das „Draußen" ein Angebot einer bereichernden Erfahrung. Die Spießer konnten bei ihrem Teegebäck sitzend nicht die „samtenen Weidekätzchen des träumenden Emstales" sehen, die „lachenden Spessartgeister beim Ringelreihen" beobachten, den „leisen Rhythmus" des Mains hören. Er träumte schon mit den ersten Zeilen, die er auf die leeren Blätter schrieb, von den Fahrten, die er bereits gemacht hatte: auf der Ems mit dem Paddelboot und im Spessart. Diese Zeit, die er als 17-Jähriger in den Ferien erlebte, sollten es wert sein, festgehalten zu werden als die Zeit „von Lied und Licht und Kampf und Sieg".

Das erste Mal schrieb er von einer Fahrt, die dem Titel seiner Aufzeichnungen gerecht wurde, der Sauerlandfahrt in den Herbstferien 1921. Bernhard setzte über diesen Bericht ein Dreieck (Jugendherberge) als Zeichen. Er und sein Kamerad wollten ihrem Verständnis nach stilgemäß diese Reise angehen und empfehlenswert nächtigen; d.h., dass sie wie echte Vaganten und Landsknechte von einem Ort zum anderen wandern und in den damals gerade entstehenden Jugendherbergen unterkommen wollten. Im Gegensatz zu den „Spießern" und Bürgern planten sie ihr Unternehmen „Pflaumenmus". Stolz schrieb Bernhard, dass sie es schafften, planungsgemäß vorgegangen zu sein und sogar, wenn auch mit Einschränkung, mit den berechneten Mitteln ausgekommen waren. Sie tippelten ihrer Route nach: Dechenhöhle, Hamm, Unna (Fröndenberg). Die Auswahl ihrer Orte trafen sie mit Blick auf Entfernungen und Naturdenkmäler. Vorsorglich hatten sie die schon vorhandenen Jugendherbergen angeschrieben und fühlten sich besser als die Touristen in „Jimmikluft". Sie unterschieden sich in ihrem Fahrtenkittel schon äußerlich als Jugendbewegte von den Leuten, die hinterm Bierpott saßen. Bernhard hatte es amüsiert, dass sie, die Jünglinge, auf ihre Anmeldung von den Herbergsvätern in der prompten Rückantwort lasen, dass es eine „Ehre" oder ein „Vergnügen" sei, wenn sie die Übernachtung dort wahrnähmen. Die Planung hatte den Nachteil, dass sie sehen mussten, ihre Nachtunterkunft zu erreichen und so kaum Zeit fanden, die Landschaft zu „befeldstechern" oder gar im Buchenwald zu verweilen, sondern eilends durchs Lennetal nach Altona zu tippeln hatten.

Die Dechenhöhle hatte Bernhard völlig verzaubert: Ein Wundergebilde, das sogleich seine Phantasie anregte. Er fühlte sich in einem Märchenpalast, in dem Elfengeister ihn umgaukelten. So verlor er den Anschluss an seine Herde. Von dem dröhnenden Gelächter der Menge wurde er wieder in die Gegenwart zurückgeholt und durch die Fluchten von unterirdischen Gängen an das Tageslicht gebracht. Draußen ein abermaliges Vergehen an der reinen Natur: Ein Ansichtenstand bot Karten der Höhlenstationen in allen nur erdenklichen Farben an. Schwarz-Weiß-Bilder suchten die Jugendlichen vergeblich. Nur der Kitsch war käuflich. Froh waren die beiden, endlich allein und unterwegs in der Natur zu sein. Sie waren in Eile und hatten für das „Feine" oder was sonst von „idyllischen Schäferplätzchen" romantisiert wurde, keinen Sinn. Abends schliefen sie – hundsmüde – auf dem Boden einer Volksschule. Der Strohsack kam ihnen vor wie ein köstliches Daunenbett. Schon aus den ersten Zeilen seines Berichts waren nicht nur die Eigenarten der „Flegeljahre" herauszulesen, sondern der Ausdruck einer bestimmten Lebensform der Jugendlichen, die man gemeinhin Jugendbewegung nennt.

An erster Stelle stand für den jungen Menschen, den Jüngling, den Buben, Natürlichkeit und Naturverbundenheit. Das Leben und die Erscheinungsweise der Erwachsenen und die bürgerlichen Konventionen wurden abgelehnt. Der Jugendliche dieses Zuschnitts war kein Eigenbrödler, er fühlte sich vielmehr getragen von einer Neuen Zeit. Das einfache Leben beim Lagerfeuer, Zelten, ohne Alkohol und Nikotin, führte sie in verschiedenen Verbänden zusammen. Ihrem Freiheitsdrang kamen sie nach und eroberten wandernd die Welt. Im Idealfall hörte man sie in Gruppen mit ihren Klampfen fröhlich singen.

So textete Bernhard Poether träumend ein Lied: „Drei Paar Kernledersohlen hab´ ich auf den Straßen gelassen. Das dunkle Grün meines Kittels musste verblassen. Wild und verzaust, so flattert mein Haar im Wind. Doch froh und sorglos bin ich geblieben: ein Kind." Die Geschichte von Altena und die des Grafen Adolf I. aus dem Hause Berg versetzte die Phantasie Bernhards in eine Jagdgesellschaft, mit der der Graf und seine Hundemeute den Hirsch verfolgten und das Horn aus dem Walde erscholl. Es lag ein Zauber in der Natur und weckte eine unstillbare Sehnsucht. Die blaue Blume wurde zum Symbol der romantischen Naturerklärung der Jugendbewegung.

Von seinen Fahrten brachte Bernhard nicht nur Erinnerungsfotos oder Postkarten mit, sondern er meinte, er hatte eine Welt gesehen, wie sie sich ihm bislang nur in der Phantasie gezeigt hätte. Mit einem Lied auf den Lippen und der Klampfe in der Hand ging es mit Bahn, Rad oder auf Schusters Rappen fidel von einem Lager zum anderen auf der Suche nach einer heilen Welt. Naturerfahrung und eine pralle Erlebniswelt hatten ihn doch nachdenklich gemacht: „Und wo ich immer weilte, ich sang mein Lied bei Tag und Nacht, oft hat es still geweint, doch öfter auch gelacht."

Tage der Freiheit nannte er sie, die Pfingstferien 1925. Diesmal sollte es eine Emsfahrt werden. Das Faltboot zusammenzubauen, war für Bernhard eine endlose Murxerei. Ärgerlich war, dass die Werse wenig Wasser hatte und sein Gefährte und er selbst den unteren Teil des Flüsschens wohl oder übel watend zurücklegen mussten, das Boot mit den „Affen" (Rucksack) im Schlepptau. Sein Fahrtgenosse hielt nicht durch und kehrte nach Haus zurück. „Nun", so kommentierte Bernhard die Lage, „nun fahre ich allein die Ems hinab, der Fluss mein Begleiter, das Boot mein Freund, Land und Tiere meine Unterhaltung." Mehr als ein früher, fischender Reiher und die Fleischkolosse auf der Weide, die Rindviecher, Wiesen und Trauerweiden im Morgennebel waren nicht zu sehen. Umso gewaltiger empfand er die anhebenden vielfältigen Stimmen in der zuvor lautlosen Naturlandschaft. Nachts auf dem pechschwarzen Wasser in rabenschwarzer Nacht bei einer Totenstille mutete ihn unheimlich und zum Fürchten an.

Die Droste-Hülshoff konnte ihm bänglich nur die Beklommenheit seiner einsamen Nachtpaddelei auf der Ems ausdrücken und mit seiner empfundenen Bedrohung vergleichen: „Oh, schaurig ist´s, übers Moor zu gehen." Aber „schauriger", so bibberte er, „mit dem Boot hindurch zu fahren". Auf der unteren Ems fuhr er dann im Schlepptau der Pünte „Metag 90" in den weiten Dollart und kam so in Gesellschaft einer Viererbootsbesatzung nach Emden. Gemeinsam aßen und schliefen sie in derselben Kajüte. Bis Emden notierte er stolz, nur sechs Groschen verbraucht zu haben. Der Eindruck bei Hafeneinfahrt war überwältigend und das Bild von wimmelnden Fischerbooten, Zollschiffen, Schleppern und Kränen unbeschreiblich. Beim Nachtbummel in Emden löffelte er eine heiße Bouillonsuppe und hatte zwei „Kostgänger" im Schlepptau. Es waren zwei Heizer aus Kassel, denen im Schnapsdusel Dampfer, Arbeit, Wohnung und alle Habe flöten gegangen waren. In deren Gesellschaft waren ihm wohl die Mittel knapp geworden, denn mit dem kurzen Hinweis, um vier Uhr morgens nach Norddeich und mit Ermäßigung nach Norderney gefahren zu sein, endete diese Flussfahrt am Meer. Wie eine Befreiung aus der bisherigen Enge auf Fluss und Kahn schloss er den Bericht: „Das Meer, die Unendlichkeit hat mich wieder!" Vier Fotos zeigen Strand, Boot und Düne, Erinnerungen an die Jugendzeit.

Lebensgefühl: Natur und Kultur

Von einigen Fahrten in den Schulferien brachte Bernhard Karten von bemerkenswerten Ansichten mit und klebte sie in seine Erzählungen ein. Im Kapitel „Die Weser hinauf" (Pfingsten 1923) hat er Zeichnungen eingefügt. Von der Ostseefahrt (Herbst 1923) waren es Stiche von Karl Blosfeld aus Lübeck. Fast wie ein Kunstführer hatte er seine Berichte angelegt, schildert mehr die Stile, in denen die Bauten errichtet worden waren und welchen Eindruck sie auf ihn machten. Erlebnisschilderungen mit seinen Kameraden mussten gegenüber dem Bildungszeugnis zurücktreten, wenn er sich zum Beispiel über das Bremer Rathaus ausließ: „Ein Meisterwerk deutscher Baukunst und dass die meisten hervorragenden Bauwerke in Rostock dem Mittelalter angehörten." Obwohl einer von seinen Fahrtgenossen in der Weser fast ertrunken wäre, wurde dies nur nebenbei ohne großes Erschrecken geschildert. Mit ihrem Gesang ergatterten sie sich manche Mahlzeit und Unterkunft. Einmal wurden sie sogar ans Krankenbett geladen, um dem Daniederliegenden etwas Freude mit ihrer Musik zu bringen. Oftmals war Schmalhans Küchenmeister: „Hunger quälte, Durst tat weh, und Frost kam uns in die Zeh." Aber sie hielten durch.

Mit der Klampfe in der Natur.

Von der Wartburg brachte Bernhard in Erinnerung mit: „Die deutschen Dichter Walther von der Vogelweide und Wolfram von Eschenbach, die hl. Elisabeth, die die Armen versorgte und den Bibelübersetzer Martin Luther als Junker Jörg. Als Gymnasiast hatte Bernhard die Gestalten der Geschichte parat, und dort war er gewesen. Es war klar, dass man das Grab des hl. Bonifatius in Fulda gesehen haben musste. Aber sie hatten auch auf dem Frauenberg bei Fulda die dortige Klosterbibliothek aufgesucht und die alte Gemäldesammlung bewundert. In Kassel mogelten sie sich durch die Absperrungen am Wärter vorbei hinauf zum Herkules.

Bitter kam Bernhard der Herbst 1924 vor. Dieses Kapitel überschrieb er: „Ich gehe nicht auf Fahrt." Alljährlich musste er die Zeit „verwandern". Er fühlte sich einsam, statt mit seinen Fahrtgenossen Rudi, Gerd und Nabo durchs weite Land zu ziehen, den Zugvögeln gleich von Nord nach Süd und die Weisen von Scheiden und Wiederkehr zu singen, in enger Stube zu sitzen. Bernhard wollte sich selbst den Zwang auferlegt haben, zu Hause zu bleiben. Es war aber nicht grundlos. Er hatte für die Schule zu arbeiten. In den Ferienberichten fiel kein Wort über sein Gymnasium, die Lehrer, den Alltag. Die Ferien selbst erklärten, dass er als 18-jähriger Schüler einer Oberschule das Privileg hatte, dem Schulalltag zu entfliehen. Aber diese „Sinüsse und Quadranten und Logarithmen", die er so schlecht beherrschte, musste er aufarbeiten, um sein Klassenziel zu erreichen.

Das Gefühl, auf der Heide, auf dem Berg oder auf dem Wasser unterwegs zu sein, erfüllte ihn mit Freude. In Versen und eigenen Wortschöpfungen versuchte er, seine Träume und Sichtweisen auszudrücken. Bei der Dichtung Verlaines fühlte er sich verstanden. Da Bernhards Bücher nicht mehr vorhanden sind, vermag niemand zu sagen, was ihn an diesem Dichtervaganten so anzog. Vielleicht sah Poether in den Träumen und der Wirklichkeit ein Symbol der Welt, die man nur im Gefühl erleben und in Bildern ausdrücken kann. Das Jahr 1924 schloss Poether: „Scheiding" (September)

„In dem Buchengrunde sang der Vogel sein letztes Türilei,
denn der Herbst ist kommen und der Sommer vorbei.
Verlassen, ein weites Hünengrab, so starrt die Heide.
Schwermütig nickend träumt die Trauerweide.
Sie träumt den lieben Traum von des sonnigen Lenzes Freud,
und träumt den schweren Traum von des Winters Einsamkeit."

Bernhard fühlte sich verlassen. Er konnte mit niemandem reden über all das Glück und Weh. Er saß verlassen auf dem Balkon, und in der Heide begegnete ihm der gleiche Zustand, wie der seiner Seele. Der Sänger war verstummt, aber dennoch war „der Abend zu schön und das Herz zu voll, um zu trauern". In Erinnerung des Erlebten konnte er nur danken. Seine Freude, ein Charakterzug Bernhards, drückte er bei jeder Gelegenheit aus.

Quickborn: Jungengemeinschaft

Er hatte eine Gemeinschaft gefunden, die alle seine Empfindungen auf ideale Weise verband: den Quickborn. Diese bündische Gruppierung war „der blühendste Zweig am Baum der katholischen Jugendbewegung geworden". Der Quickborn wuchs aus dem Hochgefühl der Zeit unter den Jugendlichen, die eine neue Welt, eine Gegenwelt aufbauen wollten und entstand in Schlesien, Neisse und Breslau um 1909/10, gerade als Bernhards Familie in Westfalen von Datteln nach Horstmar verzogen war (1910). Im Herbst 1922 zog er aus zu seiner ersten Burgfahrt. Er war mächtig gespannt, was ihn auf der Burg Rothenfels am Main, dem Zentrum der Quickborner seit 1919, erwarten würde. Seine Haltung war schon vorgeprägt. Das Erwandern von Gottes Natur, das ihn sagen ließ: „Herr, Du bist groß und gut."

Die Enthaltsamkeit von Nikotin und Alkohol mochte für andere ein Programm werden, für ihn war dies selbstverständlich. Erweitert und in Gemeinschaft erlebt wurden das Feiern und Gespräche bis in die tiefe Nacht über Gott und die Welt. Begeistert schrieb Bernhard von den frohen Scharen, die aus den Städten Deutschlands, Deutschösterreichs und Hollands den Bahnhöfen zuströmten, um zur Sonnenburg zum 4. deutschen Quickborntag zu fahren. Da hockten nun die Münsteraner „eingepökelt in den Abteilen auf ihren Affen und vertrieben sich die Zeit mit Fiedel- und Klampfenspiel und Gesang".

Der sagenhafte Heilige Gral, der Stein oder die Schale, die Christus beim letzten Abendmahl nutzte und der den Templern auf dem Berg Montsalvatsch zur Bewahrung übertragen wurde, fand gleichsam auf der Quickbornburg sein mystisches Zuhause. „Heil" riefen die Leute vom Empfangskommando. Einige Münsteraner waren schon acht Tage zur Werktagung vorausgefahren. Gemeinsam stürmten sie die Burg hinauf, wo sie von Professor Hermann Hoffmann mit Händedruck herzlich begrüßt wurden. In aller Herrgottsfrühe begann die Tagung mit einem feierlichen Gottesdienst. Dazu hatte sich jeder – so festlich wie er konnte – gekleidet und kennzeichnete dies als „Neuen Anfang". Quickborn feierte eine Gemeinschaftsmesse, die sich aus der Liturgischen Bewegung entwickelt hatte. Romano Guardini wirkte bei der Herausgabe seiner Texte zum Mitbeten in der Hl. Messe und seinen deutenden Büchern zur Liturgie als Mentor mit an einer Entwicklung, die bis zu den heutigen Gesangbüchern führte. Von den Vorträgen der Tagung berichtete Bernhard nichts. Zu dritt tippelten sie von der Burg durch den Spessart. Wie sehr ihn die Bewegung der Quickborner geformt hatte, wurde bei seiner Verhaftung deutlich. Als Quickborner hätte er sich nicht herausreden können, als er vor die Wahl gestellt wurde: Freiheit oder Haft. Er wollte seiner Aufgabe ohne Abstriche treu bleiben, sagte er, wahrhaftig wie er war, ohne jegliches Herumreden, gerade heraus. Die Zeitschrift „Schildgenossen", in der sich die Jugendbewegung Gehör verschaffte und ihre Entwicklung aufzeigte, wurde von Romano Guardini geprägt. Er führte aus, dass der Mensch im Wesen ein Gehorchender sei. Er sprach vom schöpferischen Gehorsam und widmete seine Bonner Vorlesungen „Vom Sinn der Kirche, dass sie nicht ,geistige Polizei' sei, und wir sind soweit katholisch… als wir es leben." Andere Schildgenossen übten Kritik an der bestehenden Kirche mit ihrem politischen Katholizismus, ihren Machtkämpfen und ihrer übermäßigen Organisation, wodurch das Leben in Kult und Pfarre ersticken würde. Mit dem schöpferischen Gehorsam wäre die Jugendbewegung vor dem Ende. Dabei hatte der Münchener Katholikentag (1922) gebilligt, wenn sich der katholische Mensch in den verschiedenen Formen der Jugendbewegung verwirklichen wollte. Kardinal Faulhaber kündigte in seiner Silvesterpredigt 1923 an: „Es kommt eine Jugend mit neuem Lied und neuem Lebensstil und will den Mut haben, mit sinnlosen Gebräuchen des gesellschaftlichen Lebens und mit würdelosen Moden" aufzuräumen.

Seine zweite Fahrt ins Frankenland wurde ein Reinfall. Die Tagung fiel buchstäblich ins Wasser, es regnete. Die Bundesleitung blies die Tagung ab, weil es in die Zelte regnete. Die Stimmung war schlecht. Es musste wohl an der Leitung etwas nicht in Ordnung gewesen sein. Zwar zogen sie abermals in den Spessart, doch die Zeilen Poethers klagten: „Geschlagen ziehen wir nach Haus." Die Selbstbestimmung der Jugend und ihre Rechte standen auf dem Banner der Jugendbewegung. Aber hieß dies, der Jugend ihren Lauf zu lassen?

Bernhard Poether genügte die Form der Jugendbewegung nicht mehr. Er nahm vielmehr wie ein Schwamm die Strömungen der Zeit auf und setzte sie ohne Bindung an eine Organisation auf seine eigene Weise um. Aus klarer Erkenntnis war seine Haltung nach dem Bundestag des Quickborn 1925 erwachsen: „Der Bund ist nicht mehr, was meinem Jungenherzen als Ideal vorgeschwebt ist, nicht mehr das Feuerzeichen auf dem Weg und kann es nimmermehr sein. Jugendbewegung war einmal."

Aus dieser Zeit hatte Poether aber drei ihn bestimmende Wesenszüge und Gestaltungsprinzipien mitgenommen: Wahrhaftigkeit, bewusste Christlichkeit in der Kirche und Kunstsinn. Rudolf Schwarz schuf aus der Liturgie seine Kirchbauten und war in Rothenfels, um die Kapelle auszustatten. Er arbeitete an einem Messkelch, den er als seine „erste Kirche" bezeichnete. Hein Minkenberg schuf für ein Kreuz dort den Elfenbeinkorpus. Kreuz und Kelch wurden Poethers begleitende Heilszeichen in seinem Priesterleben.

Im Herbst des Jahres schrieb und bebilderte Bernhard seine letzte Fahrt. Es war ein Gegensatz, wie er größer nicht sein konnte. Zu Pfingsten allein am Wasser, Fluss und Meer, im Herbst unter Bundesbrüdern in Stadt und Land. Der Primaner wusste, dass sein bisheriges unbeschwertes, sorgloses Treiben wie ein Kind nicht mehr weitergehen konnte und die Ritterspiele, bei denen die Jungen sich regelmäßig verprügelten und die Mädchen tanzten, konnten ihn nicht mehr befriedigen. Sein zweiter Bundestag in Rothenfels wurde ein Abschied, wie er meinte, von der Jugendbewegung.

Es dürfte wohl nicht die Messfeier mit Fiedeln und Pfeifen in Einsiedeln gewesen sein, die ihn das Kapitel Quickborn beschließen ließ. Seine Neigungen und Erwartungen entsprachen der Entwicklung, die die liturgische Bewegung – beflügelt durch Romano Guardini – genommen hatte: „Mit der Kirche beten, statt nur in der Kirche zu beten." Aber über das Tagungsleben, welches er da mitmachte, mit Bannern, Wimpeln und Haarbändern, das Nachspielen der Rebellion der Bauern gegen die Kaiserlichen, urteilte er nur „Koks und Tüns". Poether machte die Erfahrung, die jeder junge Mensch macht, der Kindheit entwachsen zu sein, und es kam ihm zum Bewusstsein, als Einzelner in der Menge zu stehen, d.h. „mitten in ihr und mit reiferer Kraft". In der engen Stube auf der Burg hatte er sich nicht über sein Befinden klar werden können. Die Tagung ging über in eine Fahrt durch das fränkische Land, die für ihn zu einer Bildungsfahrt wurde. Er ließ Bilder und Inschriften sprechen von der „guten alten Zeit":

Wer guter Meinung kommt herein,
der soll uns sehr willkommen sein.
Wer aber anders kommt herfür,
der bleibe lieber vor der Tür.

Zum Rosenglück heißt dieses Haus allhier,
drei güldne Röslein sind sein Zier.
Glaub, Lieb und Hoffnung, die drei sind
nichts Bessres man auf Erden find't.

Im Hause meiner Väter
klopf ich allhier das Leder.
Und mache meinen Reim dazu
und sorge nicht, wer es nach mir tu.

Dem Bäcker ist das Hauptgebot,
nimm kein schlechtes Mehl zum Brot,
sonst ist alle Müh und Kunst,
Schweiß und Arbeit ganz umsunst.
An diesem Ort einst zechten sehr
der Stadtrat und die Bürgerwehr.
Ahmt solches nach in gleicher Weise:
erquicket euch bei Trank und Speise.

Es freuet sich ein Wandersmann,
wenn er trifft ein gutes Wirtshaus an.
Wo Wirt und Wirtin freundlich sein,
kehrt man am allerliebsten ein.

Herr, der du Segen teilest aus,
gib ihn auch mir und meinem Haus.

Gott segne dieses Haus, lass Not und Sorgen heraus.
Durch des Metzgers Kunst darf das Schwein
In allerfeinster Gesellschaft sein.

Vom Quickborn hatte Bernhard seine Lebensform erhalten. Pater Muckermann, der die literarische Zeitschrift „Der Gral" herausgab, der von Bruder Bernhard später begierig gelesen wurde, erklärte diesen Jugendbund Quickborn aus dem Wort heraus: „Man wolle sich erquicken aus dem Born der Natur."

Paulinum: Humanistisches Gymnasium

Die Schule hatte Bernhard verständlicherweise in den Ferien nicht in seinem Gepäck. Er besuchte das älteste Gymnasium von Münster, das Paulinum. Es war eines der zahlenmäßig größten in Preußen, aus katholischer Tradition heraus gewachsen, galt als schwer und entließ 1927 – dem Abiturjahr Bernhards – 13 Gymnasiasten mit dem angegebenen Berufswunsch Theologie. Erstmals lagen die künftigen Juristen knapp vorn. Vaterländische Gesinnung wurde bei Schulfeiern in der Aula an nationalen Feiern in dieser Zeit deutlich. Bernhard mochte vielleicht bei den Ansprachen zur „Trauerfeier" anlässlich des Verlustes Oberschlesiens (1922) oder wegen der Ruhrgebietsbesetzung (1925) besonders hingehört und sich angesprochen gefühlt haben. Einen Anstoß, dort später einmal als Priester zu wirken, hatte er hier sicher nicht bekommen oder nachweisbar geäußert.

In einem humanistischen Gymnasium lag es nahe, antikes Gedankengut und Heldenmythos zum klassischen Vorbild zu erheben. Die Entlassungsfeier der Abiturientia 1927 bündelte die hehren Leitlinien des Paulinums in der Verabschiedungsrede des Oberstudiendirektors Julius Uppenkamp. Er entließ die Schüler mit dem Appell: „Gott und dem Vaterlande allezeit Treue zu bewahren." Stand

Theatergruppe vor der Alten Kirche in Hiltrup, links im Bild Maria und Bernhard Poether.

die Beziehung zu den Auslandsdeutschen in Frageform auf dem Programm des Deutschunterrichtes, so waren 1928 521 Gymnasiasten am Paulinum zur Pflege dieses speziellen Deutschtums Vereinsmitglieder. In Münster gab es neben dem „Verein für das Deutschtum im Ausland" (VDA) noch den vaterländischen „Deutschen Schutzbund" und das ebenfalls vom „Zentrumsprälaten" Georg Schreiber in Münster 1927 begründete „Deutsche Institut für Auslandskunde".

Am Paulinum war ein Jahr vor seinem Abitur eine Gruppe des „Allgemeinen Deutschen Schulvereins für das Deutschtum im Ausland" (VDA) durch Studienrat Dr. Leineweber gegründet worden. Dem VDA gehörten damals fast alle Schüler und Lehrer an. Poether blieb ihm auch später verbunden. Die Beziehung zum Deutschtum im Ausland lag in der Luft. Die Themen der Klassenarbeiten atmeten den vaterländischen Geist und drückten sich in Begriffen wie „Vaterlandsverteidigung", „Dienst am Vaterland" und „Treue" zu ihm aus. Die Schmach des verlorenen Krieges fand sich in der Ausrichtung des Blickwinkels auf staatliche Grenzziehung: „Deutschlands Lage – Deutschlands Schicksal". Genannt wurden das Elsass, die Tschechoslowakei, Frankreich. Besonderes Gewicht erhielten die nationalen Trauerfeiern in den Veranstaltungen des Gymnasiums etwa am 15. Juni 1922 zur „Losreißung Oberschlesiens vom Deutschen Reiche" – oder wegen der Besetzung des Ruhrgebietes. Bernhard Poether hatte wohl weniger für irgendeine Art Revanchismus etwas übrig. Eher könnte seine Gedankenwelt das gestellte Thema beschäftigt haben: „Sollen wir Beziehungen zu den Auslandsdeutschen pflegen?"

Nichts hätte mehr zu Poether gepasst, als ein Preisausschreiben der Forschungsstelle für Auslandsdeutschtum und Auslandskunde. Die gestellte Aufgabe hieß: „Religion und Muttersprache." Nicht, dass er sich an dem Preisausschreiben beteiligt hätte. Er gab bei seiner Meldung zur Reifeprüfung als Studienwunsch Theologie und Germanistik an und bat, da er eine besondere Neigung für schöne Literatur habe, im Deutschen geprüft zu werden. Sein Deutschtum und seine katholische Theologie lebte er später im priesterlichen Dienst, und beides wurde ihm zum Verhängnis. Politisch hatte Poether sich nicht geäußert. Aber die Gedanken des Oberstudiendirektors Uppenberg an seinem alten Gymnasium bei der Entlassungsfeier der Abiturientia im Jahr seiner Priesterweihe hätte er selbst aussprechen können und hat sie so gelebt: „In unverzagter Berufsarbeit, in mutvoller Vertretung christlichen Glaubens, in selbstloser Betätigung echter Caritas an dem geistlichen, sittlichen, wirtschaftlichen und im besten Sinne nationalen Aufbau unseres Volkes mitzuwirken." Zum 85. Geburtstag des greisen Reichspräsidenten Hindenburg wurde dieser als „Symbol echt deutschen Wesens" gefeiert.

„Unser Bernhard" – so sprachen seine Eltern von ihm – hatte in einer bedeutungsvollen Schule eine humanistische Ausbildung genossen auf dem Boden patriotischer und christlicher Gesinnung. Die Schule galt als schwer mit einer Versetzungsquote von 83 Prozent. Das spürte auch Poether, der elf Jahre brauchte zum erklärten Ziel der Reifeprüfung. Er gehörte zu den 26 bis 28 Prozent Fahrschülern und nicht zu der Mehrheit der Pauliner, deren Eltern Freiberufler waren (47 Prozent). Vater Heinrich Poether war Postmeister in Hiltrup und kurze Zeit

Bürgermeister. Die Beurteilung der schulischen Leistung wurde in Religion und Zeichnen für gut befunden. Sein Quälen durch die Mathematik wurde wörtlich so bewertet: „Konnte zur Mathematik nicht das rechte Verhältnis gewinnen." Die Note stand dann mit einer „4".

Die Zensuren konnten nicht darüber hinwegtäuschen, dass Bernhard ein mittelmäßiger Schüler war, dessen Gesamtleistung einem „Genügend" entsprach. Die Lehrer hatten erkannt, was an ihrem Schüler sich nicht in einer Benotung ausdrücken ließ. Sie mochten es mit Schmunzeln oder mit Kopfschütteln wahrnehmen. Das Besondere an Bernhard Poether war aber erkannt und sehr pointiert in die Beurteilung eingeflossen: „Eine ausgesprochen schöngeistige Natur mit dichterischer Veranlagung." Man konnte nicht umhin, diese Veranlagung in ihrer schulischen Prüfungsleistung zu monieren. Das Auffällige der recht lang ausfallenden tadelnden Kritik bestand eigentlich nicht in der Eigenschaft und Eigenart Poethers, sondern darin, dass er etwas zeigte, was nicht verlangt war, oder was ihn von dem normalen Schülertyp abhob. Dieses nicht fassbare Talent hatte gewiss den Unterricht belebt, Bernhard aber sicher an den Rand des Außenseiters gebracht, und das war ausgerechnet das Deutsche. „Er würde im Deutschen mehr noch geleistet haben, wenn er in der Gedankenordnung nicht zu modern expressionistisch gewichtet wäre."

Sogar im Griechischen und Lateinischen hatte er durch eigene gebundene Übersetzungen, poetischen Gehalt und äußere Form durchgenommener Dichter geglänzt. Er hatte „die Dichterstellen trefflich wiedergegeben". Die zu belobende Attitüde eines Schülers, römische und griechische Größen der antiken Literatur im modernen eigenen Stil auszudrücken, brachte die Lehrer in Verlegenheit und wurde schlicht mit einer „Drei" beurteilt, obwohl er in der erbetenen mündlichen Deutschprüfung eine „Zwei" bekam. Der Prüfer war Dr. Schulze, das Thema: „Leo Weismantel und sein Totentanz." Die Ausführungen Poethers fanden im Prüfungsprotokoll keinen Niederschlag. Aber der Dichter, der die neue Form des Expressionismus mit dem Alten der christlichen Überlieferung zu verbinden wusste, war nach Poethers Geschmack. Dafür gab es ein „Gut".

Mit einiger Verwunderung könnte man die Dispens vom Turnen aufnehmen. In das Gesamturteil schrieb man tatsächlich, Poether sei wegen körperlicher Gebrechen vom Turnen befreit worden. Gleichzeitig und dies abschließend wusste die ganze Schule, dass er „auf seinen Wanderfahrten fast ganz Deutschland" kennen gelernt hatte.

Unvermittelt wünschte er, Theologie und Germanistik zu studieren. Letzteres ließ man im Klassenbuch der Oberprima (OI 2) in der Übersicht über die Klassen- und Prüfungsleistung der Reifeprüflinge am 21. Februar 1927 in der Spalte des in Aussicht genommenen Berufes weg. Trotz seiner Neigung, sich im Deutschen poetisch und expressiv auszudrücken, war man von seiner sprachlichen Befähigung nicht überzeugt, da doch seine Leistung hier wie in den anderen Sprachen Latein, Griechisch und Französisch mit der Note „Drei" bewertet wurde. Vielleicht hielt man seine Übersetzungsversuche in eine gehobene Muttersprache für eine Marotte, die der jugendlichen Schwärmerei entsprang und vergehen würde wie die volkstümlichen Ausdrücke, Mären und Geschichten in der plattdeutschen Mundart. Die Schule hielt den Berufswunsch Bernhard Heinrich Poethers mit der Angabe des klassischen Universitätsstudiums fest: Theologie. Feste, entschiedene Äußerungen Bernhards, Theologie zu studieren oder gar Priester zu werden, gab es nicht. Der letzte Satz auf seinem Zulassungsantrag zum Abitur, der pflichtschuldigst an den Direktor des Staatlichen Paulinischen Gymnasiums, Oberstudiendirektor Uppenkamp, gerichtet war, gab den Ausschlag, Germanistik wegzulassen und einzutragen, was die Lehrer wohl vermutet hatten. Religion war für ihn nicht nur ein Schulfach, in dem er die Endnote „Zwei" erhalten hatte, sondern ein Bekenntnis: „Ich bin katholischer Religion und erbitte einen Vermerk darüber auf dem Reifezeugnis."

Die Bitte um Aufnahme ins Borromaeum, das Theologenkonvikt in Münster, wurde in lateinischer Sprache abgefasst. Darin waren Wohnsitz und Stand der Eltern anzugeben. Beizulegen waren Tauf- und Firmnachweis, das Reifezeugnis, das verschlossene Sittenzeugnis von Religionslehrer und Ortspfarrer, ein ärztliches Gesundheitszeugnis und die handschriftliche Bürgeerklärung der regelmäßigen Kostenzahlungen und einer schriftlichen Versicherung des Pfarrers, dass die Zahlungen von den Bürgen geleistet werden könnten. So versichert, konnte Bernhard Poether das Studium mit dem Ziel, Priester zu werden, aufnehmen.

Studium der Philosophie und Theologie

Theologie studierte Bernhard Heinrich Poether von Ostern 1927 bis Ostern 1932 in Münster, ausgenommen das Freisemester Ostern 1929 in Freiburg im Breisgau. Der Tag des Abgangs von der Westfälischen Wilhelms-Universität Münster war der 4. Juni 1932 unter der Nummer 1346. Es hatte fünf Jahre und fast vier Monate gedauert, bis er das Studium abgeschlossen hatte, und es sollte noch ein halbes Jahr dauern, ehe er 27-jährig die Priesterweihe empfangen würde.

Seine Studierbude bezog er im Collegium Borromaeum am Domplatz 8/9 in Münster. Das Kostgeld betrug 1927 pro Tag 1,50 Reichsmark, 1928 mussten 2,00 Reichsmark gezahlt werden und 1931 waren es 420 Reichsmark pro Jahr. Dazu kamen die Studiengebühren.

Das Verlangen, Priester zu werden, hatte seinen Preis, und die Familie Poether brachte klaglos das Opfer für Gott und Kirche, der sie innig verbunden war. Bernhard hatte keine Unterstützung aus der Kridtschen Studienstiftung erhalten, wie seine beiden Freunde Ludwig Klockenbusch aus Ahaus und Hermann Eising aus Coesfeld. Das Testament des Münsteraner Weihbischofs Kridt bildete die Grundlage für die Errichtung eines Seminars zur Heranbildung guter Priester aus bedürftigen Familien. Die Schlüsselzuweisung an seine beiden Freunde erschloss sich nicht, denn Ludwigs Vater war Rendant und Hermanns Vater Telegrafenoberbauführer. Bernhards Vater wurde unter dem Beruf Postmeister geführt. Die Eltern schienen wohlhabend. Sie führten ein Haus in Hiltrup, Klosterstraße 3, der neugebauten Kirche (1912/1913) gegenüber. Es soll bürgerlich eingerichtet gewesen sein. Dazu gehörte ein Klavier, und allmählich wuchs eine ordentliche

Bibliothek heran, die auf Wunsch ihres Sohnes Bernhard – eines wahren Bücher-
narren – immer weiter aufgestockt wurde. Ein Garten umgab das Haus, ein nicht
zu übersehender Bernhardiner bewachte das Anwesen.

Trotz allem musste auch bei Poethers jeder Pfennig umgedreht werden, und
die Überlegungen der Geldmittelbeschaffung ließen auch den Priester Poether
nicht los. Der Priesterstand ließ zudem keine Reichtümer erwarten. Nach der damaligen Regelung standen einem Pfarrer 1929 jährlich 4400 Reichsmark zu, die
wiederum in den folgenden Jahren gekürzt, der Seelenzahl der Gemeindemitglieder angepasst wurden. Bernhard hatte in den ersten fünf Jahren als Hilfsgeistlicher ohne eigenen Haushalt 851 Reichsmark zu erwarten. Die Priesteramtskandidaten mussten schon eine echte Berufung und deren Eltern gläubigen Idealismus
aufbringen, um ihr Leben dem Dienst in der Kirche zu weihen.

Die Vorlesungen waren selbstverständlich Pflicht. Die Hauptprofessoren, die
die künftigen Priester mit dem notwendigen geistigen Rüstzeug versehen soll-
ten, waren der Dogmatiker Franz Diekamp, der mit dem Liturgen Stapper die
„Münsterschen Beiträge zur Theologie" und mit dem Philosophen Struker die
„Theologische Revue" herausgab, und eine weitere Leuchte der Universität, der
Moraltheologe und Apologet Dompropst Joseph Mausbach.

Da Poether keine Aufzeichnungen über die Studienzeit hinterließ, wüsste
man gern, welchen Einfluss der Initiator der katholischen Missionswissenschaft
Schmidlin, der in den Anfangssemestern Kirchengeschichte vortrug, auf Poether
ausübte. Schmidlin wurde bereits 1934 wegen seiner feindlichen Einstellung zum
NS-Staat zwangspensioniert und verstarb 1944 im Konzentrationslager Schir-
meck im Elsass. Den Domprediger und Professor für Homiletik Donders dürfte
Poether kaum in den ersten Semestern überhört und wegen dessen Körpergröße
übersehen haben. Dieser galt als einer der großen geistlichen Redner des katholischen Deutschlands und war in der Bischofsstadt eine der bekanntesten Persön-
lichkeiten und ein sehr beliebter Priester. Die theologische Ausbildung Poethers
in Münster leisteten Professoren, die über Münster hinaus bekannt waren und auf
den Katholikentagen und Kongressen an hervorragender Stelle mitwirkten. Der
69. Katholikentag 1930 wurde in Münster ein Erlebnis eigener Art, das Poether
als Seminarist erlebte.

Der Student Poether musste aber den Unterrichtsstoff ernsthaft verarbeiten
und für Prüfungen büffeln. Jahresprüfungen fanden nach dem 2. und 5. Semester
statt, das Philosophicum stand im 4., das Exegeticum im 7. und das Introitus-
Examen im 8. Semester an. Vor den drei höheren Weihen musste je ein Examen
abgelegt werden. Abgeschlossen wurde das Studium mit dem Cura-Examen.

Eine wissenschaftliche Arbeit wurde seit 1928 zur Pflicht gemacht. In seinem
Freisemester fertigte Poether in Freiburg seine Seminararbeit in der Exegese bei
dem gerade dorthin gekommenen Professor Wikenhauser an. Dieser bewertete
Poethers Schreibmaschinenskript von 58 Seiten mit dem Prädikat „Gut". Zum
Thema hatte sich Poether ausgewählt: Die Perikope von der Sünderin. Exegeti-
sche Behandlung des Textes Lk 7, 36-50 mit einer Untersuchung der Frage nach
der Person der Sünderin.

Der Rektor des Borromaeums, Dr. Robert Melcher (1926-1934), genehmigte das Auswärtsstudium, d.h. die Freistellung, für ein Jahr an einer anderen Universität zu studieren, nur ungern. Er hielt eine solche Unterbrechung für verlorene Zeit und alle, die die Möglichkeit des Studiums nutzten, selbst schon halb fürs Priestertum verloren. Die Borromäer ließen sich trotzdem nicht abhalten und schwärmten aus. Favorit unter den Universitätsstädten war Freiburg. Es lag mit 17 Studenten im Freisemester Poethers vor Innsbruck und München mit je 15. Bonn hatte nur zwei Borromäer. Aus den Gymnasialzeiten des Paulinums war ebenfalls Hermann Eising in Freiburg. In seiner Studienzeit hatte Poether einen Freund gewonnen, mit dem er gemeinsam den verlangten Examensstoff in Münster paukte: Ludwig Klockenbusch. Man sieht die beiden auf einem Foto über die Bücher gebeugt. Bei Poether waren es nicht die gebotenen Studierbücher, worunter man ja noch den Kirchenvater Augustinus, an dem Domprediger Donders seine Rednergabe geschult hatte, zählen konnte. Aber Guardini und Newman, der gerade in diesen Jahren in Auswahl aufgelegt wurde und in seinem Bücherschrank stand, waren im Borromaeum und im Priesterseminar noch gewöhnungsbedürftig. Bei der von Guardini befruchteten liturgischen Bewegung und Form der Gemeinschaftsmesse zeigte sich später noch Bischof von Galen (1933-1946) zurückhaltend. Im Collegium Borromaeum hingegen war die Kapelle unschön und keineswegs für eine Liturgie der Herzen eingestimmt. Die aus der Jugendbewegung zur Priesterberufung gekommen waren, fanden hier keine Betätigungs- oder Gestaltungsmöglichkeit. Zum 75. Jubiläum des Kollegs 1929 hielt Bischof Poggenburg zum ersten Mal in dessen Kapelle ein Pontifikalamt. Die Kapelle war 1854 der Unbefleckten Empfängnis Mariens geweiht worden. Erst nach dem Zweiten Weltkrieg wirkte der Künstler Hein Wimmer 1952 bei der Neugestaltung der Hauskapelle mit. Die beiden Freunde, Poether und Kloppenbusch, hatten ihn fast 20 Jahre früher ihre Kelche zur Priesterweihe gestalten lassen.

Marienthal: Ein Hort religiöser Erneuerung

Ihn und den Bildhauer Hein Minkenberg hatten die beiden bei ihren Besuchen in Marienthal bei Wesel kennengelernt. Allerdings waren sie nicht gemeinsam dorthin gepilgert. Ludwig zog es als Neupriester 1933 mit seiner Familie und 1934 von seiner ersten ihm zugeteilten Kaplansstelle als Religionslehrer des Collegiums Augustinianum Gaesdonck dorthin. Pfarrer Augustinus Winkelmann gestaltete das ehemalige Augustinerkloster in Marienthal zu einem modernen, religiösen Gesamtkunstwerk. Dieses wurde ein Anziehungspunkt, ja Kultstätte und spirituelle Begegnungsstätte der neu und modern denkenden Christen aus dem öffentlichen Leben der damaligen Zeit.

Zweimal hatte „Natze Poether, Hiltrup (Westf.)" sich so und einmalig in lateinischen Lettern am 5. April 1929 mit acht Theologiestudenten ins Gästebuch eingetragen. Im selben Jahr auf Matthäus (21. September) war er wieder da. Diesmal waren sie zu sechst. Poether und seine Freunde Hermann Eising und Norbert Enste. Hier in Marienthal war ein Pfarrer aus dem Geist der Jugendbewegung, der auf der Burg Rothenfels Feuer gefangen hatte. Von Hein Wimmer ließ er den Tabernakelschrein fertigen mit der Aufschrift: „Werde Künder des Lichtes und der Liebe."

Expressionistisch wurde neue Sakralkunst in der Kirche, dem Pastorat und auf dem Friedhof gestaltet und die kleine Dorfgemeinde (40 Familien) im Geist der Liturgie erzogen. Die Auferstehungsfeier verlegte Pfarrer Winkelmann auf den frühen Ostermorgen, wo die Sonne im neu gestalteten Chorfenster die Gestalt Christi aus dem Grab steigen ließ. Auch der in Amelsbüren geborene Augustin Winkelmann war ein Gralssucher: „Von allen möglichen Ausgangspunkten aus den heiligen Gral zu suchen und zu finden." Bernhard Poether musste in Marienthal sein Erwachen in der Seele gefühlt haben. Als er später seinen Eltern eine Gestaltung für die Grabstätte seines Großvaters Bernard Timpe vorschlug, konnte es nur Hein Minkenberg sein, der auf dem Marienthaler Friedhof den Grabstein „Sämann" geschaffen hatte.

Borromaeum: Theologenkonvikt

Der Ausflug nach Marienthal dürfte die durstige Seele des Borromäers in den letzten Zügen vor dem Eintritt ins Priesterseminar erfrischt haben. Bislang konnten die Kandidaten der Philosophie vor dem Wechsel zum Kandidaten der Theologie noch zivil tragen. Aber Knickerbocker und Windbluse oder gar jugendbewegtes Auftreten und Kleidung waren untersagt. Poether erlebte zudem eine schwierige Phase im Borromaeum, da die Studenten mit ihrem Spiritual, dem Jesuiten Wilhelm Krings (1927-1930) nicht zurechtkamen. Das gestörte Vertrauensverhältnis zwischen den Borromäern und ihrem Seelenführer lag wohl im gegenseitigen Unverständnis. Den Studenten wurde mangelnder Ernst und unzureichende Innerlichkeit vorgeworfen. Dabei gab es freiwillige Kreise im Borromaeum, wo aus den verschiedensten Gebieten von Wissenschaft und Kunst Vorträge gehalten, diskutiert und dazu bedeutende Referenten eingeladen waren. Kaum ein aktuelles Thema fehlte. So war ein gern gesehener Gast Professor Hitze. Wenn man Poethers Bemühungen und wenigen Lebenszeugnisse durchgeht, wird man kaum mangelnden Ernst oder eine geringe Berufseinstellung feststellen können. Allerdings kommt das Thema Liturgie im Borromaeum nicht vor. Begeisternde, mitreißende und jugendbewegte liturgische neuen Formen und Gemeinschaftsmessen mit wechselndem Gebet und neuem Liedgut – etwa ein deutsches Amt – das alles gab es nicht.

Auslandsfahrt: Brüssel und London

Poether hatte die zündenden Worte des Gymnasialdirektors aufgenommen und zog im Theologiestudium über die „Forschungsstelle für Auslandsdeutschtum" nach Brüssel und London. In einem Zeitungsbericht in zwei Folgen „Auslandsfahrt eines Münsteraner Studenten" (August 1930) reflektierte er über seine wunderschöne Kindheit und seine Paddelei in den Emdener Hafen. Er wunderte sich über die zusammengewürfelte Fahrtengemeinschaft von zehn Studenten aus den verschiedensten Fakultäten und verschiedensten gesellschaftlichen und geistigen Richtungen. Sie waren verschieden organisiert: Verbindungsleute und Jugendbewegte. Aber offensichtlich verschwanden in der Fremde die Gegensätze unter den andersartigen Gruppierungen in der Heimat. Zu denken gab ihm das Treffen im Überseeheim der Reederei Hapag in Hamburg. Deutsche wanderten aus: müde Gesichter. „Sie kamen wohl nicht von der Sonnenseite des Lebens." Es waren Männer, Frauen und Kinder, die offensichtlich keine Zukunft in ihrer Heimat sahen. Sie mussten desinfiziert werden. Die Ausweise wurden überprüft. An der Kleidung meinte er, ihre Herkunft feststellen zu können: „Schlesische Kopftücher und Kniehosen aus Dachau."

Während die Auswanderer ihrer Existenznot entrinnen wollten und in eine ungewisse Zukunft aufbrachen, freute sich Bernhard am Bug des Schiffes auf der Fahrt nach Antwerpen, der Kajüte entflohen zu sein und den Sternenhimmel zu betrachten. Die Enge der Kajüte erinnerte ihn an das Konvikt in Münster, wo er nur Mauern sähe beim Blick aus dem Fenster: Reichs- und Landesbehörde. Die zwei Tage auf der „Saarbrücken" ließen ihn an seinem Lieblingsplatz vorn am Bug übers weite Meer schauen, Unendlichkeit erahnen und ins Blaue dahinträumen.

Bernhard lernte die Repräsentation der Welt auf ihrer Ausstellung in Antwerpen kennen. Er bemängelte das Fehlen von Einheit und Ausgeglichenheit und kritisierte die historisierenden Bauten und die Geschmacklosigkeit der Vermischung von Jugend- und Zeitstil. Gleichzeitig lobte er das Bemühen der modernen Bauten, das wohl am „ehesten in den germanischen Ländern" vorhanden wäre. Guten Geschmack hatten die flämischen Künstler bewiesen, als sie für ihre Ausstellung einen Platz neben dem Deutschen Hansehaus wählten. Die Werke der flämischen Malerei hatten es ihm angetan. Die Bilder von Rubens erschienen ihm zu leidenschaftlich und verglichen mit denen von Memling oder van der Weyden wie „Gartenrosen vor kleinen Zaunrosen", die man einfach nur lieben müsste. Jeder Niederdeutsche verstünde, dass die Kopfweiden im Zwielicht wirkliche Gesichter hätten, in der Nacht die Geister klagten und über Heide und Moor Hexen ritten, wie Breughel und Hieronymus Bosch es gemalt hatten.

Immer kamen bei Bernhards Erzählungen seine frommen Anmutungen durch. Freilich ließ er sich über die Künstler aus und nannte einige mit Namen. Wichtiger schien aber die religiöse Aussage, die er in seinem Reisebericht mitteilenswert fand. „Es war, als ob der Himmel sich öffnet, und die Engel und Heiligen und die ganze Menschheit lobsänge und dankte dem Vater", so zum Bild „Anbetung des Lammes Gottes" der Gebrüder Eyck in St. Bavo Gent. Beim „Ommegang" in Brüssel wurden die heiligen Patrone sogar in den historisch gekleideten Umzüglern lebendig: St. Sebastian, gespickt von Pfeilen, Schutzherr der Bürstenmacher, der mit einem Schurzfell bekleidete Johannes der Täufer, Patron der Schmiede, Bartholomäus trug seine eigene Haut zu Markte als Schutzpatron der Handschuhmacher. Nun hatte er aber immer schon einmal gewünscht, heiligmäßig lebende Frauen, die Beginen, zu sehen. Von ihnen hatte er im Konvikt gehört und von Timmermanns „Die sehr schönen Stunden der Jungfer Symforosa, dem Beginchen" gelesen. In Gent, wo fast tausend dieser Frauen beisammen wohnen sollten, besuchten sie den „Klein Beginhof", sahen sie Spitzen klöppeln, hörten sie Gebete und Lieder summen und ließen sich von ihren Pflichten, Rechten und Arbeitsweisen unterrichten und wähnten sich im 12. Jahrhundert. Die Schutzpatronin ihrer Kirche, die hl. Begga, war nicht Stifterin oder Namensgeberin der Beginen.

Die Trümmerhaufen in Löwen erinnerten an das Wüten des Krieges, der von den Deutschen ins Land getragen worden war. Vernichtet und nicht wieder herstellbar die schriftlichen Zeugnisse der Jahrhunderte. Die Mauern, die nun wieder errichtet waren, wären ihrer Seele, der Archive beraubt; denn was über Jahrhunderte aufgezeichnet worden war, hatte das teutonische Wüten für immer vernichtet.

Auf der Deutschen Botschaft in Brüssel waren sie unter deutschen Landsleuten, und man tauschte sich aus, wie die Händler, Künstler und Beamten aus der Heimat in dem Land leben konnten, dessen Volk vor 16 Jahren – die Deutschen – so tiefe Wunden geschlagen hatte. Poether nannte die vielfach sichtbaren Kriegsruinen „unerfreuliche" Denkmäler und sah Grund genug, um in dem Zeitungsartikel über diese Reise seine Betroffenheit zu diesen Untaten auszudrücken. Manche Orte wären ganz vom Erdboden verschwunden. Sie hätten nur noch Ärger „über uns und unsere Zeit".

In Gent zeigten sich die alten Gemäuer wie vor 600 Jahren. Nichts hätte sich geändert. In einem Anflug von Jugendromantik meinte Poether, dass die vergangenen Zeiten und Menschen besser gewesen wären. Die gute alte Zeit! Er sah sie in den alten Bildern, die Sagen und Heiligenlegenden zum Leben erweckten, das zweite Gesicht aus Heide und Moor auftauchen ließ und auch, als sie in London in St. Paul im anglikanischen Gottesdienst den alten Hymnus, das Te Deum und das Benedictus hörten, sie der Wunsch nach Wiedervereinigung der christlichen Kirchen packte und sie in der katholischen Westminster Cathedral darum beteten. Wehmut beschlich Poether. Er verglich die Vergangenheit und ihre Erinnerungsstätten mit Inseln – sichtbar in London: Westminster Abbey, die „hehre Totenstadt", ein „Götterasyl" das Britische Museum und die beiden genannten Kathedralen, „wo man seinen Blick nach oben richtet".

Am Schluss dieser Fahrt, die in den Schilderungen Poethers seine Vorlieben zeigte, stand ein Erlebnis, das ihn ausgerechnet im Britischen Museum traf und sich als Schlüsselerlebnis in seine Seele einbrannte. Ein Text, eine Schriftstelle, aus der uralten griechischen Bibelhandschrift, dem Codex Alexandrinus (5. Jahrhundert): „Herr, richtest du in dieser Zeit das Reich Israel wieder auf ?" und „Ihr sollt Zeugnis ablegen in Jerusalem, in ganz Judäa und Samaria, bis an die Grenzen der Erde" (Apg 1,6 ff).

Bei dieser Auslandsfahrt war Poether Student der Theologie in Münster und bereitete sich auf den Eintritt ins Priesterseminar vor.

69. Katholikentag in Münster

Auf dem 69. Katholikentag, dem zweiten durchgeführten in Münster vom 4. bis 8. September 1930, der der glanzvollste in seiner langen Geschichte mit 13.000 Teilnehmern sein sollte, prallte der Gegensatz des neuen Lebensgefühls mit der Traditionskirche aufeinander. Deutlich wurde, dass die Jugend sich von der eigenen Kirche nicht verstanden fühlte. Die allzu seelsorglich-kirchliche Einstellung des Klerus führte wohl an der Wirklichkeit vorbei. Ein Mädchen meinte, man solle endlich einmal nicht die Pädagogen, sondern die Jugendlichen selbst reden lassen. Man wolle gar nicht sorgsam, wie in einer Art Pflegeheim, geführt werden. Der Titel Präses für einen geistlichen Leiter hätte schon abschreckende Wirkung. In so eine Gruppe wollte man nicht eintreten. Die Familie mit ihren Sonntagsspaziergängen wäre eine nicht zu überbietende Grausamkeit. Der Jugend sollte man ihren Lauf lassen. Aus den Jugendbünden Neudeutschland und dem Quickborn kam unmissverständlich die Klage, die Pfarrer würden die Entwicklung der katholischen Jugendbewegung mit ihren Ideen behindern.

Die Semesterferien waren erst am 29. Oktober zu Ende. Aber fast alle Seminaristen waren zum Katholikentag gekommen und wohnten natürlich im Priesterseminar. Glühenden Herzens dürfte Poether die Botschaften des Katholikentages aufgenommen haben. Die Erziehungsarbeit in Elternhaus, Schule und Kirche genüge nicht, so die Entschließung des Katholikentages. Sie bedürften Ergänzung durch die „Jugendgemeinschaft als einer Lebens- und Erziehungsgemeinschaft der katholischen Jugend". Gefordert wurden aber auch verbesserte Arbeitsbedingungen für die Jugendlichen: 48-stündige Wochenarbeitszeit, Nachtarbeitsverbot, Beginn der Sonntagsruhe am Samstagnachmittag und zwei bis drei Wochen Ferien. Herausgehört hatte Poether die Schlagworte, die später sein existenzielles Bekenntnis zum christlichen Glauben und zur katholischen Kirche forderten: Bekenntnisschule, gute katholische Lehrerschaft und jugendnaher Gottesdienst. Dauerhafte Erlebnisse waren das Treffen aller Vereine und die Gründung des Reichsverbandes für die katholischen Auslandsdeutschen. Es war ja gerade ein Monat her, dass er mit dem Verein für das Deutschtum im Ausland unterwegs war. In London hatte er in St. Paul's um die Wiedervereinigung im Glauben gebetet und im Britischen Museum den Sendungsbefehl Jesu an seine Jünger in der dort aufgeschlagenen Bibel gelesen und als seinen Weckruf empfunden, in die weite Welt zu gehen und zu taufen. Auf dem Hindenburgplatz (seit 2012 Schlossplatz) in Münster die große Kundgebung der katholischen Jugend Deutschlands und die Schlusskundgebung des Katholikentages! Dort predigte Kardinal Faulhaber. Er warb für die Einhaltung des Konkordates mit Preußen (1929). Er wandte sich dagegen, dass man die arische Rasse für das auserwählte Volk hielte, und stellte heraus, dass die germanische Rasse kein Gesetzgeber der sittlichen Ordnung sei. Notwendig sei für das deutsche Volk Christianisierung und nicht die fortschreitende Amerikanisierung.

In die Neue Welt zu ziehen, um dort unter den Auslandsdeutschen tätig zu werden wie sein Onkel, der Pallottinerpater Georg Timpe, hatte sein Neffe Bernhard Poether nie erwogen. Aber die zündenden Worte des Katholikentagsvizepräsidenten und Zentrumsabgeordneten im preußischen Landtag, Bernhard Letterhaus, hatten ihre Wirkung nicht verfehlt. Das Motto des Katholikentages lautete: „Volkserziehung und Katholizismus." Letterhaus führte vor Augen, was ein Volk von einer gottlosen Regierung zu erdulden habe. Seit der Revolution in Russland (1917) wäre durch den Bolschewismus Religion verboten, der Sonntag wäre aus dem Kalender gestrichen, die Kirchenglocken blieben stumm, Weihnachten, das Familienfest, existierte nicht mehr. Einprägsam stellte er als Erziehungsmodell den Tagungsteilnehmern die Entscheidungspole gegenüber: „Leoninisches Rom oder Leninisches Moskau."

In der Hochstimmung des Katholikentages mochte das Gefühl vorherrschen, dass die deutschen Katholiken „zwischen Hammer und Amboss" in Einheit gewachsen und stahlhart für die Auseinandersetzung der Gegenwart vorbereitet wären. Solche Tage, Hochfeste der Religion, lösten Begeisterung aus. Zum ersten Mal gab es Dichterlesungen, wozu die Leute auf der Straße im Regen standen. Das katholische Deutschland feierte sich. Allein auf der Schlussversammlung auf dem Hindenburgplatz sangen eintausend Sänger aus 38 Vereinen. Die Cäcilianer führten zwölfstimmig ein neues Werk auf: „Christus ist das Leben."

Priesterseminar

Der Eintritt ins Priesterseminar erfolgte in Münster zu Ostern. Poether und sein Studienfreund Ludwig Klockenbusch unterschrieben am 5. Mai 1931, dass sie gewillt waren, die ihnen bekanntgemachten Statuten des Priesterseminars gewissenhaft und treu zu beachten. Die Seminarerziehung war streng und abgeschieden. Es war eine fremde Welt. In einer klösterlichen Abgeschiedenheit wurden die Seminaristen auf ihren Priesterstand erzogen, nahmen aber Abschied von den Bewegungen draußen und waren am wenigsten vorbereitet auf den drastischen Wandel des öffentlichen Lebens, im Krieg und durch das nationalsozialistische Regime.

Der Tagesplan im Seminar verlief wie folgt: fünf Minuten vor fünf Uhr Aufstehen. Dann hieß es nach zweimaligem Schellen zur Prim und zur Betrachtung für 20 Minuten in die Hauskapelle zu gehen, anschließend hl. Messe. Vor dem Mittagstisch um 12.15 eine Viertelstunde lang Gewissenserforschung (Examen particulare). Den Abend beschloss der Regens oder Spiritual mit den Betrachtungspunkten für den nächsten Tag. Nach dem Abendgebet Nachtruhe. Am Monatsende gab es eine Nachtanbetung vor dem Allerheiligsten nach einem gestellten Plan. Gebeichtet wurde freitags nach Tisch; Beichtvater war ein Kapuziner.

In der ersten Woche erhielt der neue Theologenkurs Instruktionen von 7 bis 8 Uhr vom Regens über die Statuten und die Hausordnung des Priesterseminars. Neben den Vorlesungen in der Universität wurden besondere Übungen im Seminar gehalten. Gegenstand war das sittliche Verhalten (Moral) und Ehefragen. Dreimal gab es schließlich Predigtübungen (Homiletik). Zweimal wöchentlich erprobten die Seminaristen ihre Fähigkeit in der Christenlehre in einer Schule.

Poether hospitierte beim 3. und 5. Jahrgang der Volksschule in Hiltrup (Ende September 1931). Er hätte sich auch schon ein wenig in Steinheim in die Pädagogik einweihen lassen, so schrieb er an Freund Ludwig.

Gleichzeitig sollte dieser ihm das neue mittelgroße Pustet-Brevier ungebunden besorgen. Im Seminar hatten die angehenden Geistlichen Unterricht und Übungen von einem Repetenten zum Breviergebet. So war verständlich, dass Poether ein eigenes Brevier schon vor der Weihe besitzen wollte. Ob Poether für die Instruktion zum Messelesen einen Schott mitbenutzte oder eine Ausgabe aus den liturgischen Versuchen der Jugendbewegung, ist nicht bekannt. Weiter sorgte der Domzeremoniar für den Liturgiedienst der Seminaristen in der Hauptkirche des Bistums. Jahresexerzitien fanden in der ersten Fastenwoche statt. Dafür waren 12 bis 18 Mark zu entrichten. Zur Marienwallfahrt nach Telgte startete man um 5.30 Uhr vom Überwasserkirchplatz. Der Bischof und die Seminaristen schritten dem Volk voran. Um 9 Uhr feierte man ein festliches Pontifikalamt auf dem Platz hinter der Kirche. Die Seminaristen fuhren mit dem Zug nach Münster zurück und speisten um 13.30 Uhr im Seminar.

Ein besonderer Tagesplan für das Seminarleben war zum Fest der Familie, Weihnachten, aufgestellt. Mit einem Choral wurde um 3.15 Uhr geweckt. Unter Stillschweigen (sub silentio) versammelten sich die Seminaristen in der Kapelle. Alle vorschriftsmäßig gekleidet im Rochette. Es wurden zwei Christmessen hintereinander gefeiert. In der ersten Messe wurde die Kommunion empfangen, und in der zweiten sangen die jungen Priesteramtskandidaten, worauf sie schon gewartet haben mochten, aus voller Kehle und voller Brust deutsche Weihnachts-

Ludwig Klockenbusch und Bernhard Poether.

lieder. Welcher Art diese Bet-Sing-Messe gewesen sein mag, darüber wurde in den „Consuetudines" nichts aufgezeichnet. Ein Diözesangesangbuch gab es noch nicht. Erst 1932 wurde ein neues Gebet- und Gesangbuch herausgebracht. Aber das Weihnachten dieses Jahres war beherrscht von der Priesterweihe des Poetherjahrgangs. Nach der hl. Messe verharrten die Seminaristen noch eine Viertelstunde kniend im Gebet, um dann zum Kaffee zu stürmen. Ein weiterer Höhepunkt war die Weihnachtsfeier um 7.30 Uhr mit allem, was im Haus Beine hatte. Der Regens und sein Erziehungsstab, die Seminaristen und das Personal, d.h. Ordensschwestern und Lehrköchinnen.

Bernhard Poether und sein Kurs erlebten das letzte Jahr im Priesterseminar wie ein Auslaufmodell. Die letzten Exerzitien im Seminar hatte der Kapuziner Bernhardin gegeben. Als der Weihejahrgang 1932 in das Seminar aus den Ferien zurückkehrte (am 24. Oktober), fanden sie einen neuen Spiritual, Pater Peter Mischler aus dem Jesuitenorden vor, der an jedem Abend die Punkte für die Morgenbetrachtung gab. Samstags war dies die Aufgabe des Regens. Regens Greving war 24 Jahre im Amt, überließ seine Obliegenheiten bereits seit dem Eintritt Poethers ins Borromaeum 1927 dem Subregens. Erst 1933 trat Greving 84-jährig zurück. Seine Seminarleitung war paternalistisch und geprägt von einem streng kirchlichen Priesterideal. Die Priester sollten „väterliche Herrscher des gläubigen Volkes sein". Subregens Francken (1908-1954) versuchte auszugleichen. Er wusste, dass die katholische Welt auch auf dem Lande längst in den Sog der Stadt mit ihrem modernen Leben geraten war, dass die Stadt aber nicht ein Steinbruch für das Christentum, sondern ein schweres Pflaster für die Gläubigen und ihre Priester wäre.

Der beim Katholikentag auf der Schlussfeier unter Riesenjubel der Bevölkerung vom päpstlichen Nuntius Orsenigo zum Erzbischof ausgerufene Münsteraner Oberhirte und Volksbischof Johannes Poggenburg (1913-1933) lag auf dem Sterbebett.

Die Tonsur wurde am Tag vor den Niederen Weihen (minores) um 15 Uhr in der Seminarkapelle vorgenommen. Die Minores könnte der Bischof Poether in der Messe vor und nach den Exerzitien gespendet haben. Die Bestimmungen des Bischofs, die er noch 1930 für die Weihetermine erlassen hatte, waren durch das Dekret der päpstlichen Sakramentenkongregation am Ende des Jahres schon überholt. Nach diesem Dekret hätte Poether nicht nur die Priesterweihe, sondern auch die vorausgehenden Minores und Majores von Weihbischof Johannes Scheifes (1921-1936) empfangen. Vor der Subdiakonatsweihe waren sechstägige Exerzitien angesagt. Der Priesterweihe vorauf ging eine informelle und rechtliche Prozedur. An den Regens richtete der Kandidat Poether ein Gesuch um Zulassung zur Priesterweihe. Es musste eigenhändig geschrieben sein und erklären, dass der Kandidat diesen Schritt in das Priesteramt freiwillig und aus eigenem Antrieb gehen wolle. Der Regens zog Erkundigungen beim nicht verwandten Heimatpfarrer ein, gegebenenfalls bei ehemaligen Erziehern über Würdigkeit und Tauglichkeit des Kandidaten. Das Gremium, das dann über die Zulassung nach Vorlegung der „Papiere" befand, bestand aus dem Regens, dem Subregens und dem Direktor des Borromaeums. Die Namensliste der Weihekandidaten wurde dem Bischof zur Genehmigung vorgelegt. War die Zustimmung des Bischofs für die erbetene Priesterweihe erfolgt, ging eine Benachrichtigung an den Heimatpfarrer mit der Bitte, 14 Tage vor der Weihe des Ordinandus, diese in den Messen der Kirchengemeinde zu verkünden. Pfarrer Franz Unckel (1906-1931), dem der angehende Priester Bernhard Poether einen rührenden Nachruf schreiben würde und der kurz nach dessen Weihe verstarb (27. April 1933), lebte nun nicht mehr in Hiltrup. Aber auch für seinen Nachfolger Otto Reddemann (1931-1958) dürfte es nicht schwer gewesen sein zu bezeugen, dass kein Zweifel an der Berufung Poethers zum Priester bestünde.

Nach dem 40-stündigen Gebet wurde das Cura-Examen abgelegt, d.h. die Prüfung über den zweiten Teil des Kirchenrechts: Benefizial-, Straf- und Eherecht. Am Tag vor der Weihe musste der Regens noch die Paramente benedizieren und um 10 Uhr die Kandidaten zwei Eide sprechen lassen: den Antimodernisteneid gegen die modernen Irrtümer der Zeit und das Bekenntnis zu den Artikeln des Konzils von Trient (1545-1563).

Das Urteil über die Priesterausbildung aus dem Jahrgang Poethers zwölf Jahre nach der Priesterweihe fiel sehr ernüchternd aus. Kaplan Friedrich Cladder, am selben Tag wie Poether geweiht, urteilte über ihren gemeinsamen Repetenten im Priesterseminar, Dr. Decking, dass dieser bei einer religiösen Tagung vor Jahren in seiner Pfarrei sich bei den Teilnehmern nicht habe verständlich machen können. Selten hätte man solche Lächerlichkeit über sich ergehen lassen müssen. Der Bischof müsse den alten Typ der Pfarrer aussterben lassen. Fromme Formeln packten die Menschen nicht mehr. Von Poether war kein Klagen über seine Ausbildungsjahre und die Pfarrer zu hören. Nur Freund Ludwig bezeichnete Poethers Jahre als Kaplan in Buer als schrecklich. Der junge Seminarpriester schien das Wort von Regens Francken verinnerlicht zu haben: „Jesus Christus hat denen, die an ihn glauben, keinen irdischen Lohn versprochen."

Poether hatte im Seminar die Ideale des Quickborn bewahrt, und sein Herz schlug immer noch für die neueste Literatur, die ihm durch den „Gral" vermittelt wurde. Zurechtgelegt hatte er die Zeitschrift für seinen Bruder Hermann, als dieser ihn im Seminar besuchen wollte. Poether ließ sich nicht abhalten, im Seminar Gedichte vorzutragen. Es hätte ihm entsprochen, wenn er zu seinem Priestertum mit dem Vers aus den Hymnen der Kirche angehoben hätte: „Herr, es liegt ein Traum von Dir in meiner Seele." Sein Primizspruch steht auf dem Totenzettel und lautete: „Lass deine Priester sich mit Heil bekleiden und deine Frommen sollen jubeln" (Ps. 131, 9).

Die Erwartung der Familie an den Neupriester war hoch. Mutters Vettern Georg und Heinrich Timpe waren Geistliche. Ihr Onkel Johann Franz Timpe, Bäcker, wie ihr Vater in Iburg, war von dort zunächst nach Hamburg St. Georg, dann nach Bergedorf gezogen. Die Familie gehörte dort zu den tatkräftigen Begründern des katholischen Gemeindelebens in der Diaspora. Vetter Georg war über seinen Beichtvater, den münsterischen Domkapitular Maximilian Gereon von Galen, zu den Pallottinern gekommen und nun schon seit 1930 in Milwaukie

(USA) tätig. Auf der Kanzel in St. Clemens Hiltrup zur Primiz seines Verwandten Bernhard Poether am Stephanustag 1932, zehn Tage nach dessen Weihe, stand der Direktor des katholischen Progymnasiums in Hamburg, Dr. phil. Heinrich Timpe.

Neupriester

Am 2. Weihnachtstag lauschte wohl ganz Hiltrup dem Prediger. Der Sohn des Postmeisters Heinrich Poether, des ehemaligen Bürgermeisters der Gemeinde Hiltrup (1931), von der Klosterstraße, der Kirche gegenüber, der Bruder des Sparkassensekretärs Hermann Poether, feierte seine Primizmesse in seiner Heimatpfarrei St. Clemens. Das Hochamt wurde wohl vom Prediger und dem Heimatpfarrer assistiert. Es liegt bislang im ungewissen, ob der neue Pastor Otto Reddemann an der Seite des Primizianten das seltene Ereignis einer Primiz mitfeierte oder dem Kirchbaupfarrer, seinem Vorgänger Dechant Franz Unckel, die Assistenz überließ. Die Ablichtung der Primizfeierlichkeiten bei der Aussetzung des Allerheiligsten vor dem Schlusssegen zeigt ein überflutendes Kerzenlichtermeer, Vereinsbanner und -trachten, eine Messdienerschar und weißgekleidete, bekränzte Mädchen. Nur die Personen sind nicht erkennbar. Die Poethers werden gekommen sein aus Waltrop, dem Geburtsort des Vaters, die Steinheimer und die Rietberger. Dieses Ereignis war sicher trotz der vom Bischof anbefohlenen Zurückhaltung bei der „Veranstaltung weltlicher Festlichkeit bei Primizen" groß gefeiert worden. Ausdrücklich war das Abholen des Primizianten „durch Reiter- oder Radfahrerzüge, das Abhalten eines Fackelzuges, das Bringen eines Ständchens sowie die

Bildmotiv des Primiz-Zettels „Beweinung Christi", Dezember 1932.

Veranstaltung eines Feuerwerkes" verboten. Dies geschah gewöhnlich, wenn der Bischof auf seiner Firmreise die einzelnen Gemeinden besuchte. Ähnlich hatte sich die Verabschiedung von Pfarrer Unckel nach 25 Jahren Hiltrup im Vorjahr ausgenommen. Die Berichterstattung über Poethers Primiz war nur sehr spärlich ausgefallen. Das Abholen des Primizianten war deswegen nicht besonders auffallend, weil das Elternhaus der Kirchentür gegenüber lag und der Kirchplatz schon allein wegen des Weihnachtsfestes von den Hiltrupern gefüllt war.

Man erwartete, dass der Neupriester über das Neue Jahr hinaus daheim bleiben und dort am ersten Tag des Jahres seinen 27. Geburtstag feiern werde und seine erste Anstellung vielleicht wie ein Geschenk bekäme. Die Familie hoffte auf eine Kaplansstelle im Bistum, nach Möglichkeit in der Nähe und erreichbar für die Eltern, die doch im Stillen hofften, dass er nicht auf den Spuren der Timpes mit dem Raphaelsverein in die weite Welt zöge. Von Bernhards Plänen, die sie nur beunruhigt hätten, hatten sie noch nichts gehört. Aber auf dem Fuß des neuartigen, modernen Primizkelches von Hein Wimmer stand nicht nur, wofür der Priester einstehen müsse, sondern dort war eingraviert das russische Kreuz, flankiert von den Slawenaposteln Kyrill und Method. Bernhard hatte ja immer etwas Besonderes an sich. So sah man dort in kyrillischer Schrift geschrieben: „In diesem Zeichen siege." Dieser Spruch

passte für einen Priester und darüber ließ sich gut predigen. Das Telegramm des Generalvikars am 2. Weihnachtstag abends vom Vater angenommen, störte die Festgemeinde auf. Dass das Priestertum einen solchen Dienst bedeuten würde, daran hatte man nicht gedacht. „Begeben Sie sich sofort in die Pfarrgemeinde St. Pancratius Südkirchen." Das war die „frohe Botschaft" von der Behörde. Generalvikar Franz Meis ließ verlauten, dass der Pfarrer August Bischof krankheitshalber ausfalle und Poether als Vicarius substitutus die Pfarre ab sofort leiten müsse. Generalvikar Meis wird auch später alle weiteren Bestimmungen des Neupriesters in kühler Behördensprache mitteilen.

Die Familie ging auseinander, und in zehn Jahren würden nur noch Vater und Tochter Maria am Leben sein. Maria (1904-1980) wurde in Cuxhaven eine der ersten Gemeindeschwestern in der damaligen Zeit. Sie nahm ihre Aufgabe sehr ernst und war deswegen

Primiz in der Clemenskirche in Hiltrup.

nicht abkömmlich. Wie Maria ein Symbol für die neue Zeit in der Kirche anmutet, so Bruder Hermann für den Zerfall des Staates. Mit seinen bereits 1929 ausbrechenden Geschwüren trug er die Zeichen dauernden Siechtums und chronischen Leidens zunächst noch verborgen in sich, wurde dann ein Pflegefall für den Vater; denn die Mutter kränkelte ebenfalls und verstarb als erste der Familie 1935. Vater Poether schrieb, dass er mit Sohn Hermann Spaziergänge zu ihrem Grab mache und donnerstags für sie eine Messe lesen lasse bis zum Sechswochenamt. Am Anfang wollte man die schleichende Krankheit Hermanns vor der Mutter verheimlichen, sonst würden „die gefürchteten philosophischen Abendstunden" der besorgten Mutter zu erwarten sein. Hermann machte dann allen etwas vor, obwohl er mit über 39° Fieber im Krankenhaus lag und ständig unters Messer musste. Er wünschte seinem Bruder Bernhard zu dessen Wallfahrt nach Beuren (1929) Heil und Sieg. Das Heil der Jugendbewegung rief der von unheilbaren Leiden geplagte Hermann seinem Bruder Bernhard in dessen erstem Priesterjahr noch aus Rom zu. Pius XI. (1922-1939) hatte zur Erinnerung an Christi Kreuzestod vor 1900 Jahren ein Hl. Jahr ausgerufen. 120 Jungmänner aus Münster waren mit Präses Heinrich Roth nach Rom gefahren. Von da schrieb Hermann begeistert. Deutsche knieten mit Hakenkreuz neben Franzosen und Polen. Alle wären wie eine Familie. Hier gälten weder Hautfarbe noch Rasse, sondern nur Auserwählung. Von der katholischen Jungmännerschule auf Haus Altenberg scholl es überschwänglich: Treu Heil! Alles wäre so großartig, obwohl er anklingen ließ, wer weiß wie lange der Verband noch bestehen würde.

Die katholische Kirche schien wirklich in Bewegung. Zum zehnjährigen Pontifikat Papst Pius XI. wurde eine Gedenkfeier in der Münsterlandhalle gestaltet. Dafür hatte der Künstler H. Dinnendahl eigens ein Kreuz für das Chorpodium geschaffen. Die Kundgebung wurde als Seelenhaltung des Volkes verstanden. Gott ließe sich im deutschen Staat nicht verleugnen. Man wallfahrtete nach Eggerode, Kevelaer, Telgte, Werl zur Muttergottes, nach Köln zu Kolping, dessen Seligsprechungsprozess 1934 eröffnet wurde und nach Xanten zum hl. Viktor. Mit den überzeugenden Parolen: „Wir sind Soldaten einer neuen Armee. Einer Armee von betenden Männern. Wir sind die Bataillone einer neuen Zeit, einer gläubigen, gottesfürchtigen deutschen Menschheit." Treuebekenntnisse waren mit immerwährenden Heilrufen verbunden und bekräftigenden Liedern wie: „Fest soll mein Taufbund immer stehen" und „Wenn alle untreu werden, dann bleiben wir doch treu".

Bald schon wurde aus den verschiedenen Wegen und Verbänden ein befohlener Gleichschritt einer inszenierten Masse, die mechanisch in besinnungsloser Suggestion den deutschen Gruß brüllte und jede eigene Regung unterdrückte. Das öffentliche Leben wurde in nationalsozialistischer Prägung gleichgeschaltet.

Subsidiar in St. Pankratius Südkirchen

Bernhard Poether war glücklich. Er durfte – gerade geweiht – in einer Pfarrgemeinde wirken. Er wusste nicht, dass während seiner Tätigkeit im Apostolat Christi, in seiner Familie der Tod Ernte halten würde und sein deutsches Volk dahinsiechte. Die Ironie seiner Lebensgeschichte war, er wurde jäh aus der feiernden Familie von einem Studentenleben in ein Amt gerufen; der Bischof rief, einen Bischof zu ersetzen. Pfarrer August Bischof aus Püsselbüren bei Ibbenbüren, seit 1914 in St. Pankratius Südkirchen, war gesundheitlich nicht in der Lage, im neuen Jahr 1933 die Pfarrseelsorge auszuüben. Nach einem Erholungsurlaub wollte er weiter die Gemeindeaufgaben wahrnehmen. Aber kommentarlos war bei seinem Namen vermerkt, dass, wäre man in eine Idee verbissen, man viele Fehler begehen würde und diese sich nicht eingestehen wolle. Den Fehler, gesund den Pfarrdienst wieder aufzunehmen, machte er aber dann nicht. An seinem 27. Geburtstag konnte Vicarius subsidiarius Poether sein erstes Pfarrkind aus der Taufe heben. Die Tochter einer Arbeiterfamilie hatte einen langen Namen: Maria Anna Wilhelmina Nilius.

Schon am 5. Januar musste er eine Stunde lang das Totengeläut für seinen Diözesanbischof erschallen lassen. Am Freitag nach Dreikönige schrieb Poether in das Publicandum, das er von Neujahr bis Palmsonntag führte, dieses gehaltene Seelenamt für den verstorbenen Bischof ein. In diesem Vierteljahr in Südkirchen konnte Poether die ganze Breite eines Pfarrseelsorgers leben und erleben. Sonntags waren drei hl. Messen in St. Pankratius zu feiern: die Frühmesse um halb acht, der Kindergottesdienst um halb neun und das Hochamt um zehn Uhr. Dazu brauchte er Aushilfsgeistliche, die – wie schon zu Pfarrer Bischofs Zeiten – aus Hiltrup aus dem Kloster der Genossenschaft vom Heiligsten Herzen Jesu kamen. Darunter war auch Pater Anton Krähenheide (MSC), der einen Monat nach Poethers Tod in Dachau verhaftet und dorthin verbracht werden sollte. Nach Südkirchen kam er, um fünf Mal auszuhelfen und hielt Kinderexerzitien vom 20. bis 23. März. Viel Zeit, um das unverhoffte Wiedersehen mit dem Aushilfspfarrer Poether aus Hiltrup zu begehen, wird dem Neupriester und dem erfahrenen Missionar, die sich aus der nahen Ortslage des Elternhauses

Kaplan Poether mit Jugendlichen vor der Kirche in Südkirchen.

39

der Familie Poether und des Missionshauses schon und natürlich durch die Priesterweihe kannten, nicht geblieben sein.

Das enge Verhältnis der Pfarre Südkirchen und des Missionshauses in Hiltrup beruhte auch auf der finanziellen Unterstützung, die das Kloster benötigte. Die Hiltruper Missionare bekamen von dort die Messstipendien. Vater Poether erinnerte erfreut seinen Sohn daran, dass die Obersten vom Kloster ja bei der Primiz gewesen waren. Außerdem sei doch der Kursgenosse August Sellenscheidt in Beifang (Selm), da könne man sich doch leicht treffen. Der Kursgenosse hatte schon seine Aushilfe in Südkirchen absolviert. Der besorgte Vater wollte am liebsten mit dem Auto zu Besuch kommen, um nach dem Rechten zu sehen. Die Familie nahm die Geistlichen, mit denen ihr Bernhard zu tun hatte, gleich mit in ihre Gemeinschaft auf. Kursgenosse Karl Halbeisen und Bruder Hermann verstanden sich in Hiltrup ausgezeichnet und arbeiteten viel in der Jugend zusammen. Unbewusst, was er für Sehnsüchte bei Bernhard wecken könnte, teilte der Vater mit, dass diese einen Russenfilm gezeigt hätten. Die Zustände dort seien furchtbar.

Dabei hatte der Bernhard als Subsidiar nicht als erstes im Sinn, Freundschaften mit Kursgenossen zu pflegen, oder an seine Liebe zur Russlandmission zu denken, sondern die Arbeit in der Pfarrfamilie zu tun. Schon der auf den Dreikönigstag folgende Herz-Jesu-Freitag wurde in gewohnter Weise zu Ehren des Heiligsten Herzen Jesu begangen, und auf diesem hielten die Mitglieder des Arbeitervereins ihre Monatskommunion. Für den Neuen war es wichtig, keinen der gewohnten Jahresabläufe mit seinen Verpflichtungen zu verpassen und diese zur Zufriedenheit der Gruppen und Vereine zu verrichten. Wichtig waren die Monatskommunionen der verschiedenen Bevölkerungsschichten, der geschlechts- und jahrgangsverschiedenen Gruppierungen und verschiedenen Vereinsorganisationen. Dazu kamen Schulentlassung, Gebetsstunden mit genauem Zeitplan, der die einzelnen Formationen in der Pfarrei erfasste, Beichtstunden und Totengedenken für einzelne Verstorbene, allgemein für die Toten und das Hochamt für die im Krieg Gefallenen der Gemeinde.

Ein besonderes Geschick erforderte es zu kollektieren. Pfarrer August Bischof hatte häufig die Saumseligkeit bei der Entrichtung der Beitragszahlungen angeprangert. Stolz hatte er verkünden können, dass Südkirchen im Dekanat Werne den größten Beitrag für den Kindheit-Jesu-Verein aufgebracht hatte. Poether hatte auf bischöfliche Anordnung eine Kollekte am Dreikönigstag zweckgebunden zu verkünden für die Ausrottung der Sklaverei in Afrika, für den St. Josephs-Missionsverein zur Unterstützung der Seelsorge an den katholischen Auslandsdeutschen in Osteuropa und für den Raphaelsverein zum Schutze der deutschen Auswanderer.

Dazu kamen die Auslagen für die Seelsorgsaushilfen, die Teilnahmegebühren von Kursen, etwa Exerzitien, und dann fiel Poether buchstäblich der Putz von den Wänden des Pastorats, des Hauses Dorf 51. Den Antrag an die Gemeinde zur Instandsetzung des Hauses hatte schon Pfarrer Bischof gestellt. Poether erhielt aus der Kasse der katholischen Pfarrgemeinde Südkirchen insgesamt 233,50 Mark. Auf der Kirchenvorstandssitzung fasste man den Beschluss, dass zwei Zimmer im

Pastorat für den Einzug des künftigen Pfarrers gestrichen werden sollten. Der Versuch des Kirchenvorstandes beim Generalvikar zu erreichen, Poether als Pfarrer einzusetzen, scheiterte. Der Altpfarrer Bischof merkte, dass sein Regiment wohl nicht mehr gefragt wäre und resignierte. Die Pfarrgemeinde war begeistert von dem jungen Priester, der es verstanden hatte, die Herzen der Gläubigen zu gewinnen. Wenn man solches in der Behörde nicht ungern hörte, konnten doch die langjährig erprobten Altkapläne bei der Pfarrbesetzung nicht übergangen werden. So handelte Generalvikar Meis schnell und benannte Joseph Gröne zum Pfarrer. Die Bilanz des kurzen Wirkens Poethers: fünf Taufen, davon zwei Nottaufen durch Hebammen, eine stille Geschäftsübergabe an den neuen Pfarrer und eine zufriedene Kirchengemeinde, die sich noch länger an den Vikarius substitutus Poether dankbar erinnerte. Am 3. April 1933 war der letzte Taufeintrag des Neupriesters in St. Pankratius Südkirchen.

Kaplan in Liebfrauen Gelsenkirchen-Buer

Am 16. April war er Kaplan an Liebfrauen in Gelsenkirchen-Buer (Beckhausen). Schon ein paar Tage später war er zum Präses des Katholischen Gesellenvereins ernannt worden. In der bischöflichen Vakanz hatte Generalvikar Meis die geschäftsführende Leitung des Bistums und handelte schnell. Als Hilfsgeistlicher des Pfarrers lernte Bernhard Poether, dass er nur im Auftrag seines geistlichen Herrn wirken durfte. Er durfte, was er gerade in der neuen Stelle praktiziert hatte, nicht selbständig in der Seelsorge tätigen.

Poether hatte in Buer keine Spuren hinterlassen. Nach Aussagen seines Studienfreundes Klockenbusch hätten die beiden ein Ferienlager organisiert. Er wäre dazu eigens von Gaesdonck, wo ihn Poether besucht hatte, in den Ferien gekommen, um für die Kinder im Ruhrgebiet das Lager zu organisieren und zu gestalten. Im Predigtkonzept zum Goldenen Priesterjubiläum seines Freundes Poether bescheinigte ihm Klockenbusch, dass er ein geschätzter Jugendseelsorger gewesen war. Buer galt als jugendbewegte Stadt, wo es allerdings gegen den modernen Zeitgeist geistliche Disziplinierungsversuche gab, etwa im Gesellenverein Tanz über Mitternacht hinaus und das Tragen von kurzärmliger Frauenkleidung zu verhindern.

Die Familie Poether wusste, dass ihr Bernhard mit Kommunionkindern zu tun hatte. Sie überlegte, Möbel für ihn zu beschaffen. Vater Poether wollte Urlaubsaushilfe bei seinem Sohn Hermann an der Sparkasse übernehmen, um das nötige Geld dafür zusammenzubekommen. Ihr Sohn begann aber wieder, seine Sachen zu packen. Diesmal waren nicht die Behörde, Generalvikar und der neue Bischof Clemens August von Galen schuld, dass Poether Buer schon nach einem Dreivierteljahr verließ. Kaplan Bernhard Poether hatte den Antrag gestellt, ihn zu beurlauben. Er wollte nach Polen, um dort Polnisch zu lernen und in der Seelsorge zu arbeiten. Das nach dem ersten Weltkrieg neu gegründete Polen war wegen der Schlachten um den Annaberg und der Grenzziehung zu Deutschland 1921 kein guter Studienplatz für einen deutschen Priester aus Westfalen. Wegen des

Kampfes um Oberschlesien stand ein neuer Krieg bevor. Das 15 Jahre geltende Stillhalteabkommen, von den Alliierten in der Genfer Konvention beschlossen, lief bald aus, und das durch Adolf Hitler proklamierte Deutsche Reich machte alle Deutschen für Polen verdächtig. Die Deutschen waren eher unerwünscht. Poether wollte nicht etwa für die jetzt im Ausland lebenden Deutschen Seelsorger sein. In seinem Pallottineronkel Georg hätte er ein Vorbild und im Raphaelsverein vielleicht eine Unterstützung für seinen Beurlaubungswunsch von der Diözese Münster gehabt.

Er war auch nicht auf der Flucht vor dem ernannten Reichskanzler Adolf Hitler (30. Januar 1933) und der Errichtung des ersten Konzentrationslagers, des KZ Dachau (31. März d. J.), durch den SS-Reichsführer Heinrich Himmler. Es war vor allem für die Kommunisten errichtet worden. Poether war ein unpolitischer Mensch. Die katholische Kirche hatte mit dem Deutschen Reich ein Konkordat geschlossen (20. Juli). Der neue Bischof von Münster, Clemens August von Galen, war zu seiner Weihe im Dom (28. Oktober) durch eine SA-Formation von Hakenkreuzfahnenträgern geschritten. Es wurde bestes Einvernehmen mit Staat und Kirche demonstriert. Poether war kein NS-Flüchtling, sondern er verteidigte in Polen den Konkordatsschluss. Poether hatte wohl in Buer den ernüchternden Kaplansalltag erlebt, endlich vom Studium frei und verantwortlich hatte er in einem Hochgefühl als Pastor in Südkirchen gewirkt und war beliebt. Ein Vierteljahr nur Herr, den Rest des Jahres Knecht.

Aber Unzufriedenheit mit seiner Stellung in der Gemeinde war kein Beweggrund, von der Seelsorge wegzugehen und wieder mit dem Studium anzufangen, und auch noch mit einer Sprache aus einem dem Westeuropäer eher fern stehenden, dem slawischen Sprachkreis. Er hatte auf die Inthronisierung des neuen Bischofs gewartet, um seinen Wunsch als dem Bistum zugehöriger (inkardinierter) Geistlicher im polnischen Ausland studieren zu dürfen, anzumelden. Bischof von Galen soll nicht gerade erbaut gewesen sein. Aber des Menschen Wille ist sein Himmelreich, und vielleicht könnte dieser Poether später einmal bei den so genannten Ruhrpolen eingesetzt werden.

Poether hatte nichts von alledem im Sinn. Im Seminar fragte er einmal seinen Studienpartner Ludwig Klockenbusch, ob sie zusammen nicht Russisch lernen sollten. Nun hatten sie in der Vorbereitung auf das Priestertum doch wahrhaftig genug zu tun, als nebenher noch eine Fremdsprache zu erlernen. Vor allem leuchtete nicht ein, weshalb Bernhard sich noch zusätzlich quälen wollte, weil er nicht mit besonderen Geistesgaben oder Sprachtalent gesegnet war. Er war aber wieder einmal von einer Idee gepackt. Wenn einmal wieder die Grenzen nach Russland geöffnet würden, dann müssten Menschen da sein, um dort das Evangelium zu verkünden. Er lernte Russisch, um, wenn es möglich werden würde, nach Russland zu gehen. Ludwig Klockenbusch machte das zwei Jahre lang mit, dann hörte er auf mit dieser Sprache. Sein Ziel war, Lehrer zu sein, sein Russland war die Gaesdonck, das bischöfliche Konvikt am Niederrhein bei Goch.

Poether hielt an seiner Berufung zum Priester und seinem Entschluss fest, als Missionar wie die Slawenapostel Methodius und Kyrill nach Russland zu gehen,

wo der gottlose Kommunismus dabei war, den christlichen Glauben und seine sichtbaren Zeichen auszulöschen. Deswegen hatte Poether vom Künstler Wimmer ein russisches Kreuz auf seinem Primizkelch gravieren lassen in kyrillischer Schrift mit der Devise der Slawenapostel: „In diesem Zeichen wirst du siegen."
Muckermanns Gral kämpfte unerbittlich gegen den Bolschewismus. Poether las die Zeitschrift und hörte, dass der Bund der Gottlosen von Russland herkommend schon nach Deutschland eine Bewegung ausgelöst hatte, Kreuze öffentlich verbrannte wie in Leipzig geschehen, das Weihnachtsfest verhöhnte und offen zum Abfall von Christus und Religion aufforderte. Warnend erinnerte Bischof Poggenburg in seinem Fastenhirtenbrief an Kirchenvater Augustinus zum Weihnachtsfest: „Nicht einen leuchtenden Stern hat Christus seiner Kirche als Zeichen gegeben, sondern das Kreuz, damit wir im Kreuze kämpfen und siegen."
Poether sah seine Berufung darin, in Russland, dem Urheberland des gottlosen Kommunismus, die Siegesfahne Christi aufzustellen. Da dies nicht möglich war – die Grenzen waren geschlossen – wollte er möglichst in der Nachbarschaft Russlands sozusagen in Bereitschaft stehen, um priesterlich zu wirken.

Studium in Krakau 1934

Also auf nach Polen. Unbekümmert, dass dieser neu erstandene Staat deutschfeindlich war und die durch dauernde Fremdherrschaft geschundene katholische Bevölkerung nicht gerade auf einen ausländischen Priester für ihr Seelenheil wartete, ohne Kenntnisse von Land und Leuten, vor allem der Sprache, bat Poether bei seiner Behörde um Freistellung. In der Familie hatte er kein Vorbild für seine Mission, ausgenommen natürlich den umtriebigen Onkel Georg, der im Ersten Weltkrieg mit den deutschen Truppen nach Russland gekommen war und dort nicht nur die Soldaten, sondern auch die Aussiedler und Flüchtlinge seelsorglich betreut hatte. Über die Sorge für die katholischen Auslandsdeutschen hatte dieser sogar eine Denkschrift an die deutschen Bischöfe verfasst. Aber das war lange her, und bei Bernhard ging es nicht mehr um die Deutschen im Ausland, sondern umgekehrt, er wollte als Ausländer den Einheimischen die fremd gewordene christliche Botschaft bringen. Seine Eltern hatten offenbar trotz der sichtbaren Zeichen, die Bernhard gesetzt hatte: Russisch lernen, Primizkelch mit dem Russenkreuz und dem Spruch Kyrills in russischer Sprache, nicht mit einem Fortgehen ihres Sohnes aus der Heimat gerechnet. Sie sehnten sich nach einer Rückkehr aus Polen und schickten Bruder Hermann besorgt hinterher, damit er auskundschafte, ob denn bei ihrem Bernhard noch alles stimme.
Im Bistum Münster war es nicht ungewöhnlich, Priester für ein Fremdsprachenstudium zu beurlauben. Ausländische Gläubige haben das Recht auf Seelsorge in ihrer Muttersprache. 1938 waren mit Kaplan Bernhard Poether 35 Seelsorger für Gläubige mit polnischer Muttersprache in der Diözese einsatzbereit. Damit alle fremdsprachigen Diözesanen die Osterkommunion empfangen konnten, wurde der Zeitraum dafür vom 1. Januar bis zum Dreifaltigkeitssonntag (1. Sonntag nach Pfingsten) verlängert. Poether dachte zwar nicht an Ausländerseelsorge bei

Polen in Westfalen. Aber er wollte nach kaum einem Jahr praktischer Seelsorge wieder auf die Schulbank, um Polnisch zu lernen. Wie immer erledigte Generalvikar Meis diese Personalie schnell, nüchtern und präzise. Poether wurde vorläufig für ein Jahr zur weiteren Ausbildung in der polnischen Sprache beurlaubt. Er sollte am 1. März 1934, das hieß zwei Monate nach dem Beurlaubungsbescheid, nach Krakau abreisen und sich dort beim fürstbischöflichen Ordinariat melden. Der Fürsterzbischof Sapieha würde ihn erwarten. Vorher möge Poether im Generalvikariat in Münster vorsprechen. Über das Studium in und die Fahrt nach Polen solle er sich mit Kaplan Dolata verständigen. Die Verständigung der beiden Ordinariate Münster und Krakau über den Priester Poether verlief offensichtlich reibungslos; denn bis Ende 1936 wurde ihm von der erzbischöflichen Kurie Jurisdiktionsvollmacht erteilt.

Die Eindrücke in Krakau waren überwältigend. Die vielen Karten, 30 bis 40 zu den Ostertagen an die Familie und seinen wachsenden Bekanntenkreis, sollten Ansichten von der Stadt übermitteln, die sein Bruder Hermann bei seinem Besuch einfach „prima" fand.

Zweiter Vikar in St. Katharina Ciecina, Erzdiözese Krakau

Der Zweck seines Studiums in Krakau, Polnisch zu lernen, schien Erfolg gehabt zu haben; denn Poether wurde in Ciecina, einem Karpatenort 80 km von Krakau entfernt, 2. Vikar. Es waren immerhin fast eineinhalb Jahre, die er dort tätig war vom 15. Januar 1935 bis 16. Juni 1936. Klockenbusch konnte nichts über die „Polengeschichte" sagen, obwohl ihn Poether von seiner bevorstehenden Heimkehr informiert hatte und ihm sicher von seinen Erfahrungen und Erlebnissen berichtet haben dürfte. Denn nach der Priesterweihe waren die Studienfreunde verschiedene Wege gegangen. Ludwig stieg in der Schule vom Referendar zum Lehrer langsam auf. Bernhard hingegen war de facto als Pfarrer angetreten, kam als Kaplan, Pfarrergehilfe nach Buer, privatisierte als Priester und war wieder Student geworden und hatte dann auf der untersten Stufe einer Priesterlaufbahn als 2. Vikar in einem Beskidenort wieder mit der Seelsorge begonnen. Sein Russisch hatte er dort nicht gebraucht; denn der Ort Ciecina war nicht unter russischer, sondern habsburgischer Oberhoheit gewesen. Deutsch sprechende Ingenieure waren früher einmal in ein Eisen verarbeitendes Werk aus Österreich geholt worden. Die Zeit war darüber hinweggegangen. Auf dem Friedhof in Ciecina erinnert noch ein Grabstein an einen dieser Ingenieure. Wenn man die biblischen, polnischen oder die häufig in Polen wie in Deutschland gebrauchten Taufnamen aus den Kirchenbüchern heranzieht, trugen zu Poethers Vikarszeit einige Männer in den Familien deutsche Namen. Am häufigsten hatten aus den Täuflingsfamilien Großväter, Väter oder Paten einen deutschen Vornamen wie Adalbert und Rudolf. Kinder wurden nur sechs mit einem ausgesprochen deutschen Namen in der latinisierten Form in die Taufbücher der verschiedenen Orte der Pfarre St. Katharina eingetragen: Rudolphus in Brzusnik, Ludovicus in Juszczyna, Eduardus und Guilhelmus in Wieprz. Zweimal war in Ciecina ein Junge auf den Namen Georgius getauft worden. Je einmal hatten Pfarrer Stanislaus Makowski und sein 1. Vikar Petrus Somalaj in Ciecina einen Jungen auf den Namen Georgius die Taufe gespendet, dahinter aber hatten sie in Klammern den polnischen Namen Jerzy vermerkt. Poether hatte 61 Kinder getauft. Obwohl manche ihm nachsagten, er habe sich gern bei den „Deutschen" aufgehalten, war er als Taufspender nur einmal tätig, als die Eltern in Brzusnik ihrem Jungen den Namen des Taufpaten Eduard gaben. Deutsche Familiennamen hatte Poether noch zwei finden können: Grau und Pawlus. Als Vorname wurde dieser Name korrekt lateinisch Paulus eingetragen. Die Berufe der Pfarrgemeinde waren meist mit Bauern (agricolae) und Arbeiter (operarii) angegeben.

Gottesdienst wurde in Ciecina gehalten. Hier wurden die Sakramente gespendet. Poether hörte in der Franziskuskapelle in der Pfarrkirche Beichte, predigte an Sonn- und Feiertagen und hielt neun Wochenstunden Unterricht. Die Kinder waren recht stolz, dass sie ihrem Poetherchen (Poetherek) das Vaterunser und das Gegrüßet seist du Maria auf Polnisch beigebracht hatten. Sie freuten sich diebisch, ihn auf Aussprachefehler aufmerksam zu machen, was meist mit einem Kichern anfing und sich steigerte, weil Poether dann vor Verlegenheit rot anlief. Er konnte etwa den Ortsnamen Brzusnik nicht richtig aussprechen und hatte mit dem Satzbau Schwierigkeiten. Ausarbeitungen oder Notizen nahm er zum Predigen in die Hand und hielt inne, wenn er Bedenken hatte auszusprechen, was er vorbereitet hatte. Nachdenklich hielt er die Finger an den Mund. Trotz seiner verständlichen Sprachprobleme habe man ihn ohne Schwierigkeiten verstanden.

Die beste Erinnerung an den deutschen Kaplan und Katecheten in Ciecina hatte Pfarrer Figura in einer Wochenzeitschrift abgegeben. Als 16-jähriger Gymnasiast hatte er guten Kontakt zum deutschen Vikar. Er wohnte in der Nähe, und so trafen sie sich häufiger. Offiziell machten die Priester bei den einzelnen Familien einmal im Jahr einen Hausbesuch, um Haus und Bewohner zu segnen. Erwähnenswert war, aus den Befragungen herauszuhören, – die einzige Quelle, da die Pfarrchronik in dieser Zeit liederlich geführt wurde – , dass Poether zu den deutschen Familien ging, die langsam polonisiert waren. Er suchte mit dem 1. Vikar auch den Priesteramtskandidaten des Ortes auf. Was Poether gesprochen hatte, wurde nur von Pfarrer Figura mitgeteilt. Er habe über den Unterschied der Religion im öffentlichen Leben Polens und Deutschlands erzählt. Hier wurde nachweislich festgehalten, dass es im Interesse der beiden Ordinarien gelegen hatte, dass Poether in Polen die Sprache des Landes studieren sollte, damit er als Seelsorger für die in Westfalen lebenden Polen wirken könnte. Weil der Gymnasiast Figura Gruppenführer bei den Pfadfindern war, wollte Poether ihn ins Zeltlager nach Deutschland

Pfarrkirche St. Katharina in Ciecina.

einladen. Zum ersten Mal wurde berichtet, dass Poether über den politischen Wandel in seiner Heimat doch Bescheid wusste und sich keinen Illusionen hingab. Dem Pfadfinder habe er erzählt, man müsse sich der Trupps Hitlerjugend tatkräftig wehren, wenn man ein Zeltlager unternähme. Am besten schütze man das Zeltlager, indem man sich mit Knüppeln wappne. Der spätere Geistliche hatte das Gefühl, Poether wolle bei ihm die Berufung zum Priestertum wecken. Die drei Priester in Ciecina verstanden sich offensichtlich gut und nicht nur, weil der Pfarrer und auch der 1. Vikar deutsch verstanden. Sie lebten im Pastorat gegenüber der Kirche einfach, beengt und in sehr bescheidenen Verhältnissen. Kirche und Pastorat waren Holzbauten. Die Hauptlast der Seelsorge in Ciecina trugen zweifellos die beiden polnischen Geistlichen. Pfarrer Makowski war mit Poether trotz dessen Eingewöhnungszeit als Deutscher zufrieden; denn er ließ davon nichts im Schreiben an den Erzbischöflichen Stuhl in Krakau vermerken. Er brauchte einen 2. Vikar, der zwar weniger Pflichten hätte, aber für die Pfarre notwendig wäre.

Poether müsste so schnell wie möglich aus seinem Urlaub zurückkommen und sollte möglichst schon in der nächsten Woche seinen Dienst antreten. Das Drängen des Pfarrers um baldige Rückkehr Poethers aus seinem Urlaub hatte einen triftigen Grund. Die Pfarre Ciecina benötigte mit ihren sechs Kapellengemeinden, selbst wenn alle drei Geistlichen ihren Dienst taten, noch Aushilfen. Allein 431 Kinder hatten sie zu Poethers Zeiten getauft. In welcher Not der Pfarrer war, zeigte eine Bemerkung: die Frage der Reisekosten, und wer Poether bezahlen sollte, wäre doch wirklich unwichtig. Die Hauptsache wäre, dass er endlich wieder seine Aufgaben in der Gemeinde übernähme. Erfreut schrieb Pfarrer Makowski im Oktober 1935 an die hochwohllöbliche Metropolitankurie in Krakau, dass Poether nach Ciecina zurückgekehrt sei. Der Pfarrer wollte die Hälfte der Reisekosten, rund 100 Zloty, übernehmen, den Rest nach und nach von Poethers Gehalt einbehalten. Darüber freilich wollte man doch zuerst noch in der Kurie nachdenken.

Über die rasche Heimreise Poethers kurz darauf nach Hiltrup und die stille Verzweiflung des Pfarrers darüber waren keine Unterlagen zu bekommen. Vom ersten Urlaub war Poether am 8. September zurückgemeldet worden. Dieser Urlaub war wohl sehr kurz gewesen, da er noch am 25. August an Freund Ludwig schrieb, dass er in der Woche nach Hiltrup kommen werde, und ob man sich nicht treffen könne. Nach den Kirchenbüchern hatte er am 29. September danach noch Kinder aus vier Orten getauft, dann erst wieder am 3. November. In der Zwischenzeit lag der zweite Urlaub.

Im Hause Poethers zeichnete sich seit 1933 eine Tragödie ab. Das Siechtum der Mutter schien ein Spiegelbild der Zeit. Es wurde öde im Haus des Postmeisters von Hiltrup. Bernhard und seine Schwester Maria waren von Berufs wegen fernab, in Polen der Sohn, als Gemeindeschwester die Tochter Maria im Kirchendienst in Cuxhaven. Nach 33 Jahren Ehe verstarb Frau und Mutter Maria, geborene Timpe, am 21. Oktober 1935. Ein trauriger Anlass für Sohn und Tochter, nach Hause zu kommen. Beide mussten bald wieder an ihre Dienstorte. Zurück blieb bei seinem Vater der chronisch leidende älteste Sohn Hermann. Vater Poether ging jeden Morgen in die gegenüberliegende Clemenskirche zur Frühmesse, um anschließend seinen kranken Sohn zu versorgen und den Haushalt zu führen. Der Vater munterte den nach Ciecina zurückgekehrten Priestersohn auf und meinte, man müsse stramm ins Geschirr gehen, das hülfe gegen Trübsinn.

In Ciecina war für Bernhard Poether der Traum, einmal von der Diözese zur Bekehrung Russlands geschickt zu werden, gestorben. Nüchtern stand hinter seiner Beurlaubung nach Polen die Betreuung polnisch sprechender Ausländer in der Heimat, vor allem im Ruhrgebiet. Sein autodidaktisches Russischlernen war also dahin. Nur noch die heiligen Brüder Kyrill und Methodius, Apostel der Slawen, auf seinem Kelch erinnerten ihn an seine Mission. Poether wurde in Ciecina verabschiedet, Kinder und Jugendliche schenkten ihm weiße und rote Blumen, die polnischen Flaggenfarben. Der lokale Volksbildhauer Marian Brodka schenkte ihm eine Krippe von Bethlehem aus Lindenholz. Poether kehrte um eine Erfahrung reicher nach Deutschland zurück. Es schien, als gäbe es keine besonderen Auffälligkeiten. Die Leute dort hatten ihn angenommen und die Erinnerungen an ihn verloren sich. In der nun folgenden schweren Zeit blieb für Poether sein Aufenthalt in den Beskidenorten eine Episode. Dahin die schöne Zeit, winters vermummt im dicken Pelz in den Bergen Skilaufen zu lernen. Vorüber die Zeit, wenn er im Urlaub in seiner Wintermontur den erstaunten Eltern von den Polen in Ciecina und ihrem harten Leben zur kargen Winterzeit erzählte. Wie tief der Schnee lag, und wie er lernen musste, sich auf Skiern fortzubewegen. Was im flachen Westfalen für Kinder ein ersehnter Spaß war und zu Weihnachten wenigstens erwartet wurde, hier in den Beskiden war dies harte Wirklichkeit und nur beim Sporttourismus anderswo rief man: Ski Heil.

Kaplan in Herz-Jesu Gladbeck-Zweckel

Bernhard Poether bekam eine Kaplanstelle in der Pfarre Herz-Jesu in Gladbeck-Zweckel. Dort begann sein Ringen um die Seelen, von denen man noch vor kurzem geglaubt hatte, dass in ihnen die Kirche erwacht sei. Er trat seine Stelle am 6. August 1936 an. Zwei Jahre und acht Monate war Poether nicht mehr in Deutschland tätig gewesen. Im 4. Priesterjahr war es bereits die 4. Kirchengemeinde und die vorletzte seines priesterlichen Wirkens, wobei nur die erste in Südkirchen späterhin in der Diözese Münster geblieben ist.

Von Buer bis Bottrop lagen die Gemeinden im Ruhrgebiet mit einer Bergarbeiterbevölkerung. Die Gemeinde Herz-Jesu war jung. Von 12.000 Einwohnern wurden 5000 Katholiken gezählt. Die Kirche war im „Ruhrbarock" 1913/1914 erbaut. Poether zog in ein neu errichtetes (1933), großzügiges Pfarrhaus, wo er im ersten Stock zwei Zimmer bewohnte. Alles hatte seine Richtigkeit. Fünf Gottesdienste am Sonntag, werktags zwei. Nach den Naturständen waren Jugend und Erwachsene in vier Vereinen organisiert. Dazu hatte sich eine Ehrengarde formiert. Fünf Heiligstädter Schwestern wirkten im Elisabethstift (1930). 80 Kinder waren dort im Kindergarten. Eine Handarbeitsschule wurde betrieben und die Kranken ambulant gepflegt. Man wallfahrtete nach Neviges und nach Xanten. Wie immer wurden im Publikandum festgehalten die Andachten für die Muttergottes im Mai und im Oktober. Bei Prozessionen zogen die Fahnenabordnungen voran, und ein Radfahrertrupp sollte den Weihbischof am 22. November zur Firmung an der Pfarrgrenze abholen. Es wird der neue Weihbischof Heinrich Roleff gewesen sein, der in Gladbeck auf seiner ersten Firmreise Station machte.

Nichts, aber auch gar nichts wussten die Papiere der Pfarre von der Kirchenverfolgung im Deutschen Reich zu erzählen. Eine irre Welt! Die Kirche ging ihren gewohnten Gang, die offiziellen öffentlichen Auftritte liefen wie im tiefsten Frieden ab. Dabei war Bischof Legge von Meißen auf einer Firmreise verhaftet worden und saß in Berlin-Moabit schon ein Jahr im Gefängnis. Dass Poether als Hilfspriester bei seinem Pfarrer Max Issel nicht besonders empfangen und nirgends erwähnt wurde, als seine Auseinandersetzung mit dem nationalsozialistischen Regime begann und sein Untergang beschlossen war, brachte ihn um. Niemand wüsste etwas zu erzählen über den Versuch Poethers, in Zweckel Jugendarbeit zu leisten und Religionsunterricht zu halten, wenn nicht seine Prozessakten darüber Auskunft gäben. Freilich waren in den Gladbecker Jahren 171 Kinder von Poether getauft und fünf Ehen geschlossen worden, was vorsorglich vom Pfarrer selbst in die Kirchenbücher eingetragen worden war. Kaplan Schnura war Poethers Vorgänger und am 30. August um 6 Uhr verabschiedet worden. Aber es wurde der Grund von dessen Ablösung nicht genannt. Vikar Schnura hatte Flugblätter gegen die Hitlerjugend verteilt. Als Bezirkspräses der katholischen Jugend hatte er bereits ein Grußwort an den Bischof, „den ersten Jugendführer unseres Bistums", gerichtet und ihm versichert: „Wir halten durch trotz Not und Bedrängnis."

Versetzt nach Henrichenburg erhielt er Unterrichtsverbot. Poether war gewarnt. Sein Vater, der darauf hoffte, dass sein Sohn bald die Genehmigung erhielt, Religionsunterricht zu erteilen, wusste nicht, was dieses für Folgen haben könnte. Seit einem Jahr bestand schon die Verfügung über ein Zulassungsverfahren, wenn Geistliche nebenamtlich Religionsunterricht erteilen wollten. Dass Religionsunterricht zum Konflikt führen könnte und in Deutschland den lehrenden Geistlichen leicht ein Strafverfahren einbrachte, wussten die Poethers vom Kaplan Halbeisen an ihrer Heimatpfarre St. Clemens in Hiltrup. Dieser war ein Kurskollege vom Weihejahr 1932. Sein Vergehen war, dass er im Unterricht für die Jungschar geworben hätte.

Poether fand bei seiner Anstellung in der Pfarre Herz-Jesu eine Lage vor, auf die er im Studium und in der bisherigen Pastoral nicht vorbereitet worden war. Die Unsicherheit über die Seelsorge in den Pfarreien war durch die Vereinbarung zwischen Kirche und Staat im Reichskonkordat noch größer geworden. Das Kirchenlied: „Das Heil der Welt Herr Jesu Christ", der Ruf „Heil" der Jugendbewegung wurden durch die Anordnungsverpflichtung für Behörden und auch Schulen, den Deutschen Gruß „Heil Hitler" im täglichen Umgang zu erwidern und im Schriftverkehr zu gebrauchen, persifliert. Das Generalvikariat hatte da nur eine müde Ermahnung bereit, die nebenamtlichen Religionslehrer, d.h. die Geistlichen in den Schulen möchten sich daran halten. In der Jugend wurde das Christ-Königs-Fest zum Bekenntnistag und Kirchenlieder zu Kampfgesängen. „Christus, Herr der Zeit." Der Ruf wurde gewagt: „Heil Christus, Heil Deutschland. Nieder mit Hitler."

Poether trug aus seiner Jugend ihr Programm in seinem Herzen, war es doch der Antrieb für seinen Priesterberuf gewesen: „Für Christi Reich in einem neuen Deutschland." Die Aufgabe eines Kaplans in einer Pfarre bestand darin, dass der Pfarrer ihm die wenig geschätzten Tätigkeiten der im nicht ganz ernst zu nehmenden Entwicklungsstadium befindlichen Jugendlichen überließ: d.h. Ministranten, Religionsunterricht und die Vereine. Poether wusste sicher nichts davon, dass den katholischen Jugendverbänden schon 1933 eine öffentliche Betätigung im Geheimen untersagt war. Dagegen sollten alle Jugendlichen in der Hitlerjugend (HJ) erfasst werden. Müde wirkte der Erlass Galens mit seinem Plädoyer für die Freiwilligkeit des Beitritts zur Hitlerjugend. Der Generalpräses des Katholischen Jungmänner Verbandes, Ludwig Wolker, schrieb, nach dem Reichskonkordat sollte man dem deutschen Staat nationalsozialistischer Prägung die Treue halten. Sein Aufruf in der „Wacht" blieb nicht unwidersprochen. Während einige Pfarrer noch glaubten, die katholische Kirche könnte auf die Hitlerjugend einwirken, wenn die katholischen Verbände in der Hitlerjugend mitmachten, wurde längst an der Gleichschaltung von Vereinen, Presse und Erziehung im NS-Regime gearbeitet. Der Wirkungskreis der Kirche sollte auf die Sakristei beschränkt werden. Folgerichtig wurden die öffentlichen Erkennungszeichen wie Wimpel, Fähnchen, Abzeichen, Kluft und gemeinsame Unternehmungen wie Wandern, Zelten, Spiele, Lager und gemeinsame Runden sowie Jugendtreffs untersagt. Auch Galen wusste, dass das Sonntagschristentum dem Treiben der Nationalsozialisten keinen Widerstand entgegensetzen würde.

Das NS-Regime verlangte totale Unterwerfung unter die Staatsmacht und blinde Ausführung seiner Kommandos. Die Kirche konnte nur an die verantwortungsvolle Entscheidung des Christen appellieren und ihn auffordern, dem Gewissen zu folgen. Das Regime entband jeden vom Gewissen und stützte jede Gewalt gegen den ausgemachten Gegner. In Gladbeck wie anderswo organisierte die HJ sich froh, auf Messdiener einzuprügeln oder Jugendliche auf der Wallfahrt nach Xanten zu überfallen. Die Polizei griff nicht ein. Die Stimmung und öffentliche Gewalt gegen die kirchliche Jugend zeigten aufschlussreich die Ereignisse am Würzburger Bischofspalais. Nach Absingen des Horst-Wessel-Liedes wurde tribunalartig die HJ-Gruppe gefragt: „Was soll mit den katholischen Jugendverbänden geschehen?" Die Antwort erscholl: „Sie sollen verrecken." „Was soll mit den schwarzen Jugendführern geschehen?" – „Sie sollen gehenkt werden." „Was ist mit dem Bischof?" – „Dachau – Dachau."

Aus Erfahrung wusste Kaplan Poether, dass er Jugendseelsorge in der Pfarrei nicht betreiben konnte, wie er es selbst vor Jahren gewohnt war, und nicht weitergeben konnte, was ihn begeistert hatte. Ein ehemaliger Messdiener schilderte, dass die Messdiener auch in der Kirche nicht sicher waren. Es wurde gemeldet, dass ein Trupp der HJ von der Eisenstraße anrücke. Kaplan Poether verrammelte die Kirchentür. Sie hielt stand. Zunächst fand man es spannend, Barrikaden zu bauen, sich zu verstecken und die HJ auszutricksen. Aber die offiziell geschützten Schlägerbanden verbreiteten Angst und Schrecken. Man fürchtete Nachteile. Den Kaplan Schnura hatte man wegen der Verbreitung eines Flugblattes zum Mitmachen in der katholischen Jugend schon bestraft. Er musste 300 Mark Strafe zahlen und wurde danach versetzt. Mütter kamen zu Poether und klagten, dass ihre Jungen in der Schule schlechte Zeugnisse bekämen, wenn sie in der Messe dienen würden. Vielleicht wäre es besser, im Kirchenchor mitzusingen. Der Bischof hatte noch in der Pfarrjugend die Gemeinschaft gesehen, die den Jugendlichen in ihrer Freizeit offenstand. Er hatte vom garantierten Lebensrecht der katholischen Jugend gesprochen. Galen hatte Einspruch dagegen erhoben, dass den geistlichen Religionslehrern verboten sein sollte, in konfessionellen Jugendverbänden tätig zu sein und für sie zu werben. Kaplan Poether und die Ausübung seines Berufes als Religionslehrer und Jugendseelsorger standen vor dem Aus. Dem Geistlichen wurde erst seine Arbeit erschwert, dann wurde dagegen Anzeige erstattet, und zuletzt gab es durch die Versetzung noch eine kleine Verzögerung bis zur Verhaftung. Die Proteste des Bischofs gegen die Verstöße gegen das Konkordat durch den nationalsozialistischen Staat blieben wirkungslos. Der Vergleich mit dem Kulturkampfbischof Brinkmann stimmte für Galen nur bedingt; denn damals hatte es Treuebezeugungen und laufende Abordnungen aus dem gesamten Bistum in Münster gegeben. 60 Jahre später randalierte nächtens der Mob vor dem bischöflichen Palais, zeigte sein bedrohliches Rollkommandoverhalten und tobte:

1. „Wie schön ist mein Westfalen
Besonders Münster diese Stadt,
Denn nur diese kann sich rühmen,
Dass sie einen Bischof hat,
Der anstatt als Seelenhirte
Sich mit Politik befasst
Und die bösen, bösen Heiden hasst.

2. Als er einst mit seinem Stabe
Dieser Heilige wutentbrannt
Hört, dass in dem frommen Münster
Auch schon Heiden sind bekannt,
Ließ er, unser schöner August,
Einen Hirtenbrief dann los,
Haltet fest ihr frommen Schäfchen
Wie bisher am Römerschloss.

3. Darauf sprach ein Teil der Schwarzen:
Wir wollen unsern August sehen,
Ob er in der neuen Richtung
Will nun endlich gehen.
Darauf fing er an zu blecken,
Und wir sprachen: Jetzt ist es aus.
Du kannst uns in die M… lecken,
Wir treten aus der Kirche aus.“

Den offenen Kirchenkampf bekam Poether in Gladbeck zu spüren in der Behinderung seines Berufes als Jugendkaplan und der Mitteilung vom 5. September 1937, dass seit dem Winterhalbjahr von den Geistlichen ein schulplanmäßiger Religionsunterricht nicht mehr erteilt werden solle. Ein Wechsel Poethers von der Overberg- zur Hermannschule war nicht zustandegekommen. Die treibende Kraft, dass gegen den Kaplan Poether etwas unternommen werden müsse, dass er am besten aus dem Schulunterricht im Fach Religion an deutschen Schulen überhaupt entlassen würde, war in Gladbeck Rektor Schulte-Strathaus. Er hatte zunächst über Pfarrer Issel versucht, Poether im Stundentausch an die 2. Schule im Bezirk Herz-Jesu zu befördern. Offenbar stellte der zuständige Pfarrer Poethers sich taub. Also ging Rektor Schulte-Strathaus den ordentlichen Behördenweg und wandte sich an das Kreisschulamt. Er sandte zwei Schriften ein, die Poether verteilt hatte. Gerade einmal drei Monate gab Poether Religionsunterricht. Bei dem dingfest gemachten und beigelegten Schriftchen, das Poether an die Schulkinder nach Aussage eines Arbeiters verteilt hatte, handelte es sich um die „Katechismuswahrheiten". Sie enthielten 35 Merksätze der katholischen Glaubenslehre, verfasst vom Kölner Domvikar Joseph Teusch, die auf Beschluss

Auf dem Schulhof in Gladbeck.

der Fuldaer Bischofskonferenz in allen deutschen Diözesen verbreitet und im Unterricht gern gebraucht wurden. Schulte-Strathaus bat den Schulrat Eckert, dieses „Material für einen geeigneten Zeitpunkt zurückzulegen." Dass er schon länger mit dem Kaplan nicht einverstanden war und Belastungspunkte sammelte, zeigte sich später. Poethers „Benehmen und Handeln", so begründete der Rektor seine inquisitorischen Beobachtungen, die ihn zum Sammeln von Notizen in einem Zettelkasten veranlassten, „waren von Anfang an abstoßend gegen alle, die im Sinne des Nationalsozialismus arbeiteten".

Zwei Tage später, am 24. April, reichte er einen Brief nach, den Poether an die Schulentlassenen zu Ostern geschickt habe (am 5. April). Der Brief war tituliert: „Heil Euch Jungen und Jungmänner!" Poether erinnerte die Angeschriebenen an den Gottesdienst. Sie wären keine Kinder mehr, die um halb 9 Uhr sonntags in die Kirche gingen. „Du bist ein katholischer Jungmann, und müsstest wissen, dass jugendlicher Geist und katholischer Geist in Dir sein und von Dir ausgehen muss." Es gebe eine Gemeinschaftsmesse für Jungmänner, daran wolle er erinnern, nicht dass der Heiland vergeblich auf sie warten müsse. Sie sollten sich die gemeinschaftliche Kommunion der Jungmänner am 2. Sonntag jeden Monats hinter die Ohren schreiben. Außerdem kämen alle Jungmänner jeden Montag um 6 Uhr morgens zum Elisabethstift zur Gemeinschaftsmesse. Besonders schön werde es am 19. April, weil dort „die vielen Schulentlassenen von der Overberg- und der Hermannschule zum ersten Male mitkommen werden". Poether kündete den nächsten Brief über die Aufnahme in den katholischen Jugend- und Jungmännerverband an.

Bernhard Poether und seine Schwester Maria im Garten des Pfarrhauses in Gladbeck-Zweckel.

Die Werbung für den genannten Verband gab den Anlass, beim Regierungspräsidenten – Abteilung für Kirchen und Schulen – anzufragen, ob Kaplan Poether weiterhin Religionsunterricht erteilen dürfe (30. April). Denn in einer nicht veröffentlichten ministeriellen Verfügung vom 17. Juli 1936 dürften Geistliche, die als nebenamtliche Religionslehrer in den Schulen tätig wären, weder für konfessionelle Jugendverbände werben, noch in ihnen tätig sein. Ohne Vernehmung hörte die Lehrerzeit für Poether nach dem Sommerhalbjahr 1937 auf. Verwunderung dürften Uhrzeit und Ort für den Anlass eines Schulentlassungsgottesdienstes auslösen. Die Bischöfe hatten sich für liturgische Neuerungen, Extravaganzen wie sie es nannten, nicht erwärmen können. Eigentlich wäre es löblich, Weihe- und Bekenntnisfeiern zu begehen und besonders zu gestalten; die Erneuerung des Firmgelöbnisses eindrucksvoll zum Erlebnis werden zu lassen. Aber man fürchtete dogmatisch bedenkliche Gebetstexte, gewagte Ausdrucksweisen, Sprechchöre und Dramatisierung durch rollenmäßige Aktionen in der Messe.

Den Schulmann Schulte-Strathaus störten Poethers Auslassungen über die Berufswahl der Schulentlassenen noch vielmehr. Er äußerte, mit einer solchen Einstellung zur Schularbeit käme für den Religionslehrer nur ein freiwilliger Verzicht auf seine Anstellung in Frage. Poethers Schreiben hatte die Tendenz, dem damaligen Schüler Mut zum neuen Lebensabschnitt zu machen. Vor allem etwaige Prophezeiungen, es würde aus einem nichts werden, hätten keine Bedeutung. Wenn die Schüler lieber etwas anderes getan hätten als Schularbeiten, und dass die Rechenaufgaben immer andere Ergebnisse gebracht hätten als sie sollten, das wäre nicht schlimm. Wer würde nicht lieber einen „Karl May" unter der Bank lesen, als dem Unterricht zu folgen. Etwas missverständlich ließ er sich über Musterschüler aus und verglich sie mit Hasen, die eine Pomadenfrisur trügen oder am Gängelband liefen. Aber ob dumm oder faul, allein von Bedeutung für die Zukunft wäre, auf eigenen Beinen zu stehen. Das wollte er noch in einem weiteren Brief erläutern.

Da die beiden in Anlage eingereichten Schreiben keine Wirkung gezeigt hatten, wandte sich Schulte-Strathaus unmittelbar an den Regierungspräsidenten in Münster (2. September). Die Überschrift der Anzeige lautete: „Benehmen des Kaplans Poether an der Schule". Schulte-Strathaus verwies dabei auf seine beiden vorherigen Eingaben. Er beschwerte sich über das unmögliche Auftreten Poethers. Dieser habe vor den Schülern den großen Mann markiert und ihn angebrüllt. Außerdem habe er die Messdiener angestiftet, vom Rektor alles zu erzählen. Die Sachpunkte des Schreibens waren folgende:

1. Gemeinschaftsschule
2. Aussagen zum Geschichtsunterricht
3. Austritt aus dem Messdienerverein
4. Schweinereien des Fähnleinführers Dietrich
5. Abtransport eines Sakristeischrankes durch die Gestapo
6. Hitlergruß
7. Polnisches Konsulat.

Als Zeuge zum Hitlergruß hatte Schulte-Strathaus namentlich neun Schüler mit ihren Aussagen aufgeführt. Aufgrund des Vorfalls mit dem Hitlergruß vor der Schule und den dort aufgestellten Schülern habe er Poether das Betreten des Klassenzimmers untersagt und ihn an den Pastor verwiesen.

Pfarrer Issel unternahm nichts. In der ganzen Schulangelegenheit handelte Kaplan Poether allein. Er war in der Herz-Jesu-Pfarre Gladbeck-Zweckel auf sich gestellt. Keine Elterneingaben, kein Eingreifen des Dechanten, der doch früher einmal Schulinspektor gewesen war, niemand vom katholischen Lehrerverband, kein Anwalt machte von sich reden, niemand wurde vorstellig, um die Beschuldigungen gegen den Religionslehrer Poether zu entkräften oder ihm wenigstens beizustehen. Poether merkte zumindest, dass ihm die Schlinge des Regimes von seinen Gegnern schon um den Hals gelegt worden war und kämpfte mit allen formalen und rechtlich erlaubten Mitteln, die belegten und bezeugten Vorwürfe gegen ihn, sein Verhalten und seine Überzeugungen zu entkräften. Allein gelassen. Eine völlig neue Erfahrung. Lebenslang würde er die Zuneigung der Gläubigen seiner ersten Seelsorgestelle vor sechs Jahren nicht vergessen. Die ihn immer noch grüßen ließen. Die damals zur kirchlichen Behörde eine Abordnung schickten, um ihren Neupriester zu behalten. Eine solche Verbundenheit hätte er jetzt gebraucht. Poether musste allein gegen einen mächtigen Staat kämpfen. Die Zeiten hatten sich geändert, gewiss, die Pfarrei Herz-Jesu lag nicht auf dem Lande, aber sie war jung, modern und angepasst.

Poether fand von kirchlicher Seite keine Unterstützung. Die behördlichen Mittel vor Ort wurden nicht in Gang gesetzt. Poether wandte sich schon am 2.September an die kommunalen Stellen, den Stadtobersekretär Löns und den Stadtschulrat Eckert. Er bat um ihre Entscheidung, ob der Schulrektor befugt wäre, ihm Hausverbot zu erteilen und ihm den Religionsunterricht an der Schule zu verbieten. Poether bestieg also wieder sein Fahrrad und packte seine Aktentasche darauf, machte sich auf den Weg zur Schule und unterrichtete weiter, als wäre nichts gewesen, was allerdings mit dem Schluss des Sommerhalbjahres endete. Bis zum 5. November wurden alle Konfrontationspunkte des Kampfes um die Schule zwischen NS-Staat und katholischer Kirche in dieser kurzen Zeit ausgefochten. Der kleine Kaplan, der nur seinen Auftrag, Religionsunterricht zu erteilen und Jugendseelsorger in Zweckel zu sein, erfüllen wollte, stand in diesem Kampf auf verlorenem Posten. Strategisch klug war es, nicht Schulkinder als Zeugen seiner Sache aufzurufen. Diese Zeugen würden vor einem Gericht nicht bestehen können. Offensichtlich konnte er aus seinem Arbeitsfeld niemanden aufbieten, der für seine moralische Integrität bürgen würde; Lehrerkollegen etwa. Mit ihnen war er ja wegen ihrer kirchenfeindlichen Behandlung der Geschichte aneinandergeraten.

Karl der Große durfte als Reichs- und Bistumsgründer nicht bloß zum Sachsenschlächter degradiert werden. Poether stellte in seiner Naivität die Intrigen seines Schulrektors lapidar bloß. Eine Warnung hätte Poether beim Antritt in den Schuldienst der Overberg-Schule Zweckel die Art und Weise des dortigen Umgangs mit seinem Vorgänger Kaplan Schnura sein sollen, der schutzlos den Attacken des Rektors ausgeliefert und versetzt worden war. Deswegen hatte Poether über die Vorgänge in der Schule Buch geführt und war deshalb in der Lage, wörtlich die Begebenheiten daraus zu zitieren und die Anschuldigungen des Rektors richtig zu stellen. Überzeugt von seiner kirchlichen Sendung, der er verpflichtet war, und von seiner Überzeugung, im Recht zu sein, trat er in Person gegen seinen Schulleiter an. Er wollte nicht nur, sondern er musste auf seinen eigenen Beinen stehen.

Schulte-Stratmann hatte in seinem Bericht an den Regierungspräsidenten einfließen lassen, dass Poether in Polen beschäftigt gewesen sei und sich deshalb auf den Schutz des polnischen bzw. deutschen Konsulates berufen habe. Das hatte zur Folge, dass dessen Entgegnungen vom Schulrat Brock an den Oberregierungs-Schulrat Dr. Hahn in Münster unter der damals diskriminierenden Personenbezeichnung „Auslandsreichsdeutscher" weitergeleitet wurde.

Damit stand Poethers Glaubwürdigkeit auf dem Spiel. Ein solcher Mensch konnte gar kein rechtes Verhältnis zum Deutschen Reich und seiner Geschichte haben. Poether konnte unmöglich die rechte deutsche Gesinnung haben, wenn er in Polen tätig war, wo die Deutschen ausgewiesen worden waren und die ungerechte Grenzziehung gegen die Volksabstimmung in Oberschlesien erfolgt war. Poether war als Auslandsreichsdeutscher schon vorverurteilt, ehe die Anzeige überhaupt bearbeitet werden würde. Poether war irgendwann nach Krakau gefahren und hatte sich ein denkwürdiges Zeugnis aus Polen beschafft, das am 12. September 1937 ausgefertigt und in Abschrift dem Oberbürgermeister in Gladbeck am 18. dieses Monates in deutscher Sprache vorlag. Es war unterzeichnet vom Universitätsprofessor Dr. Ladislaus Wicher, vom Rektor des Priesterseminars Matthäus Jez und einem Redakteur Ladislaus Dlugos. Sie bezeugten, dass Poether die „jetzige deutsche Regierung und Verfassung verteidigt hätte und deswegen kurzweg „Hitlermann (Hitlerowice)" genannt wurde."

Es war weit mit Poether gekommen. Der Akt der Selbstverleugnung, um die Anfeindungen in Zweckel heil zu überstehen, ging aber noch weiter. Er selbst, dieser unpolitische Priester, hatte wohl in Krakau so schnell nicht noch mehr schriftliche Unterlagen zu seinem Deutschtum beschaffen können, und deshalb verwies er auf eine Schrift des Philosophieprofessors Dr. Michalski ebendort mit dem Titel: „Das Dritte Reich im Sinne einer Entkräftigung jüdischer Lügenpropaganda." 1934 hätte Poether ihm dazu deutsche Zeitungsausschnitte geliefert. Mehr oder weniger unterstellte Poether die Beendigung seiner Tätigkeit in Polen seiner deutschen Haltung. Der Krakauer Erzbischof Adam Stefan Sapieha habe ihm zu verstehen gegeben, Poether wäre für eine Seelsorgestelle im ehemaligen Deutsch-Ost-Oberschlesien „zu deutsch". Poether wusste also, dass es nicht nur lebensgefährlich war, die Rassentheorie abzulehnen und sich mit Ausländern abzugeben, sondern auch, wenn man nicht selbst vom deutschen Rassestamm war. Fast triumphierend konnte er auf seine Fahrt mit der „Arbeitsgemeinschaft für das Deutschtum im Auslande" und seine Zeitungsartikel darüber verweisen.

Poether meinte, mit diesen Belegen in seiner deutschen Gesinnung unangreifbar zu sein. Er hatte das Deutschtum sogar ins Ausland getragen und dort seine angestrebte Seelsorgestelle deswegen verloren.

In Deutschland hatte man von Kaplan Poether aber noch kein eindeutiges Bekenntnis dazu vernommen. Mögen die Schuljungen noch so unglaubwürdig erscheinen, aber den Deutschen Gruß hätte man von Poether noch nicht gehört.

Stattdessen habe Poether mit „Heidewitzka" geantwortet. Entschieden bestritt Poether, dass er den behördlich vorgeschriebenen Gruß „Heil Hitler" nicht korrekt erwidert habe. Nun zitierte Poether ein Stück aus dem Grabenkrieg Lehrer Poether gegen Rektor Schulte-Strathaus. Die Klasse des Rektors würde Spottverse gegen den Religionslehrer skandieren:

„Heidewitzka, der Herr Kaplan,
der Katechismus geht uns nichts mehr an.
Auch die Bibel muss verschwinden.
Wir werden bessere Romane finden."

Poether will die Schüler sogar auf die rechte Grußform hingewiesen haben, verständlich um von den herausfordernden Versen abzulenken. Der Verweis auf den „halben Schulhof", der Poethers Grußpädagogik bestätigen könnte, zeigte wohl die verschiedenen Erziehungslager religionsabständig – religionsvertraut auf. Den im kirchentreuen Umfeld aufgewachsenen Kindern waren solche Spottverse fremd. Sie hatten ihren Katechismusunterricht und eine Bibel fand sich in jedem Haus. Wo die Kinder zu solchen Feindseligkeiten erzogen wurden, zeigten die dem Lehrer Meyer von der Pestalozzischule nachgesagten Lehren. Er hatte die Glaubwürdigkeit der Bibel geleugnet und Josef von Ägypten als ersten Bolschewisten und Erzschieber hingestellt. Die Geistlichen lögen, sobald sie ihren Mund aufmachten. Poether verwies noch auf eine Unlogik. Wenn er die Jungen von ihrem Halali u. a. abbringen wollte, wie sollte er dann auf den Gedanken kommen, sie mit solchen Worten wieder zu ihren Spottversen zu reizen. Formell unterzeichnete Poether seine Einwände: „Mit deutschem Gruße, Heil Hitler, Poether, Kaplan".

Die seit langem schwelende Auseinandersetzung gegen die im Konkordat zugesicherte konfessionelle Bekenntnisschule wurde in Zweckel in aller Schärfe in der Schule vor den Kindern ausgetragen. Poether schilderte breit und reichlich ungeordnet Anlass, Umgangston und die völlig vergiftete Umgangsform, die einem Lehrerkollegium Hohn sprach. Rektor Schulte-Strathaus war nicht in der Lage, die beiden Religionslehrer Rio und Kaplan Poether zu einem kollegialen Umgang zu bringen. Poether nannte seinen Kollegen vom Fach „vom Glauben abgefallen". An den von Poether in seinem Rechtfertigungsschreiben wiedergegebenen Wort- und Satzfetzen, die er in chronologischer Folge aus seinen Notizen aneinanderreihte, spiegelte sich die Rivalität der Lehrerschaft und der Geistlichen. Poether war in der Hermannschule nur geduldet und offensichtlich bei den Schülern beliebt. Die Lehrer versuchten nun, über „Musterschüler" an Fehlleistungen in Poethers Religionsstunden heranzukommen. Ganz offen gab der Rektor namentlich neun Schüleraussagen zu Protokoll. Er selbst hospitierte unangemeldet in der Unterrichtsstunde bei Poether, konnte aber nichts Nachteiliges vorbringen. Bei einer Besprechung nannte der Rektor Poether einen „jungen Mann", dem es noch an Erfahrung fehle und ließ auch einmal die Bemerkung fallen, der Kaplan solle seine Stunden und einfach Ruhe geben.

Für Bernhard Poether war sein Leben als Religionslehrer und Kaplan Bekenntnis. Schulte-Strathaus hatte schon am 12. Januar, gleich im neuen Jahr nach den Ferien, gegen Bischof Galens Mitteilungen über Schul- und Erziehungsfragen die Gemeinschaftsschule propagiert. Die Gemeinschaftsschule sei konfessionslos, das einigende Band sei deutsch und die Schüler lernten dort mehr. Poether ging zum Kollegen Rio, der die Gemeinschaftsschule zum Gegenstand seines Unterrichtes gemacht und geäußert hatte, dass diese ohne Religionsunterricht eingeführt werden würde. Poether bat nach seinen Aufzeichnungen seinen Kollegen Rio, dieses Thema im Unterricht nicht weiter zu behandeln, da Unfrieden in die Familien hineingetragen würde. Den Rektor zitierte Poether, der geäußert habe: „Die Gemeinschaftsschule kommt doch, und die Kirche hinke dann hinterher wie beim Sterilisationsgesetz."

Deutlich wurde Rektor Schulte-Strathaus. Er hatte die Zeichen der Zeit erkannt und wusste, dass er in Gefahr war. Wenn er sich auf die Seite Poethers stellen würde, wäre er die längste Zeit Lehrer und Rektor gewesen. Deswegen drohte er Poether, dass er ihn „melden", d.h. anzeigen würde, was er sowohl telefonisch als auch schriftlich getan hatte. Den NS-Lehrsätzen, mit denen sich Poether auseinandersetzte und sie schon deshalb im Religionsunterricht behandelte, weil sie von den Kindern, aufgehetzt von seinen Kollegen, vorgebracht wurden, widersprach er. Die Schule in dem Pfarrbezirk Herz-Jesu stellte sich als eine einzige Spitzelzentrale dar. Die Lehrer fragten die Kinder über Poether aus. Dieser wies solche Methoden von sich, wollte aber die falschen Aussagen nicht stehenlassen und betrieb den Unterricht ganz aktuell. Er fragte: „Was ist an der Sache dran?"

Es konnte gar nicht genug Stunden geben, um den Konflikt immer weiter von der kirchenfeindlichen Seite zu schüren. Die Schüler befragten Poether über die Bibel, Joseph den Bolschewiken und Karl den Großen, den Sachsenschlächter. Beim letzten Beispiel gab er einen Satz aus der zitierten Zeitschrift „Am Scheideweg" zur Antwort: „Er, (Karl der Große) war ein Mann des Schwertes, nicht weniger ein Mann des christlichen Glaubens." Was hätte Poether zum Gründer des Ersten Deutschen Reiches und des Bistums Münster sagen sollen? Aber nach der NS-Ideologie schied sich an Karl dem Großen und der Widukindtaufe das völkische und übervölkische Geschichtsbewusstsein. Die Debatten, die die Kollegen über Papst und Kirche heraufbeschworen, gingen für sie alle verloren. So äußerte ein Lehrer, dass „ihr Theologen immer wieder auf die Beine fallen" würdet. Mit Genugtuung erfuhr Poether, dass er die Kirchengeschichte besser beherrschte als seine Provokateure. Ein Lehrer hatte bei Poethers Onkel Timpe Geschichte im Seminar studiert. Er wusste also, wie schmal die Ausbildung der Lehrerseminaristen war und ließ einfließen, dass ein Theologe sechsmal mehr studiert hätte. Freundschaften wurden in dieser Schule mit Poether nicht geschlossen.

Dann gaben sich die dortigen Pädagogen die Blöße, den Vatikan zum Verbündeten Russlands zu erklären, ausgerechnet jetzt, wo bei der Kreuzentfernung aus den Schulen das Vorgehen des NS-Staates mit den Untaten der Bolschewiken in Spanien und Russland verglichen wurde. Gerade im Jahr 1937 waren die vielfachen Verurteilungen, die Pius XI. gegen den Bolschewismus ausgesprochen hatte, in den „Acta Apostolica Sedis" veröffentlicht worden. Die Kollegen Poethers mussten staunend zur Kenntnis nehmen, dass sie sich hier auf ein Parkett begeben hatten, wo sie sich nur eine blutige Nase holen konnten; denn dieser Kaplan hatte Russisch gelernt und wollte in Russland missionieren. Dass die katholische Kirche mit dem Antichrist, dem bolschewistischen Staat, ein Bündnis eingehen wollte, eine solche Unterstellung war eigentlich zu dumm und leicht zu entkräften. Wenn es auf dem Sachgebiet Religion schwer war, Poether beizukommen, versuchten die Lehrer es mit Schikanen. Schüler wurden in Poethers Religionsunterricht geschickt, um etwas zu bringen oder um sich von der „Jungschar" abzumelden oder ein von Poether in der Religionsstunde eingezogenes Heft zu fordern.

Eine Episode aus dem unerquicklichen Alltag der Grundschule konnte das bewusste Kesseltreiben gegen Poether aufzeigen. Ein Schüler las offen auf der Schulbank in Poethers Religionsunterricht den „Hilf mit". Poether zog diese Broschüre ein. Daraufhin kam ein Schüler vom Religionslehrer Rio in die nächste Unterrichtsstunde des Kaplans Poether, dann ein anderer Schüler aus der Klasse des Rektors Schulte-Strathaus. Sie bestellten jeweils einen schönen Gruß und forderten die Herausgabe des von Poether eingezogenen „Hilf mit". Dieser erwiderte den schönen Gruß und beschied, dass es für die Rückgabe des Blättchens nicht an der Zeit wäre. Daraufhin bemühte der Rektor sich selbst, in Poethers Unterricht zu kommen, um für einen ungehörigen Schüler die Herausgabe der Schrift vor der Klasse Poethers zu befehlen. Poether mahnte beim Rektor an, die Autorität eines Lehrers nicht zu untergraben. Dieser erklärte vor den Schülern, dass Poether einen guten Unterricht geben solle, dann würden die Schüler nicht etwas anderes tun und stieß in Erregung die Drohung aus, den Vorfall „zu melden". Der Rektor musste um seine Stellung bangen, sich selbst gefährdet sehen. Wie anders war zu erklären, dass er sich zum Laufburschen des Schülers Barde machte, um dessen von Poether im Unterricht eingezogene Lektüre einzufordern. Umgekehrt hatte er das Einladungsblatt Poethers zur Messe als unerlaubte Werbung zur Anzeige gebracht.

Dieser Grabenkampf offenbarte im grellen Licht, dass die Schulleitung die Schüler benutzte, um Stimmung gegen Poether zu machen. Ziel war, die katholische Bekenntnisschule in eine nationalsozialistische Bekenntnisschule umzuwandeln. Es genügte nicht, die Geistlichen aus den Schulen zu verdrängen und den Religionsunterricht in den Schulen einzustellen, am liebsten wollte man die Religion aus dem öffentlichen Leben verschwinden lassen. Lehrer Rio unterließ die Begleitung der Kommunionkinder zur Beichte, wie die Religionslehrer es damals taten. Stattdessen verfolgten Rio und andere Lehrer ihre Schulkinder bis in die Sakristei, wo Poether Messdienerstunden hielt. Sie forschten aus, was dieser dort sagte, sie setzten die Jungen unter Druck, aus diesem „Messdienerverein" auszutreten und Poether eine einem Religionslehrer nicht erlaubte Tätigkeit anzuhängen.

Poether wehrte sich. Wenn Schüler zum Messedienen eingewiesen würden, wären sie nicht in einem Verein. Nach den Vereinsgesetzen des Dritten Reiches wären dann Messdiener verboten. Wenn Poether auf die Konkordatssicherung der katholischen Vereine hinwies, erklärte ihm Lehrer Rio wörtlich im Beisein des Rektors: „Seien Sie nicht kindisch". Wie reichsfeindlich Poether auf die Messdiener einwirken würde und wie schädlich er sich außerhalb der Schule verhielte, nahm der Rektor Schulte-Strathaus in einer Anklage auf.

Als der Schrank eines konfessionellen Vereins, des Arbeitervereins in Zweckel, aus der Sakristei abgeholt worden war, habe Poether, vom Rektor befragt, zynisch den Vorgang mit den Worten bestätigt: „Ich war nicht da, sonst hätte ich das gefilmt." Die Mine war gelegt. In der Sakristei befanden sich die Unterlagen eines verbotenen Vereins, dort waren die Messdiener, und Poether wollte die Handlung der Staatspolizei als unrechtmäßig dokumentieren. Das wurde längst als Verbrechen angesehen. Die Reden des politischen Gegners durfte man, ja musste man sogar melden und die Teilnehmer bei kirchlichen Prozessionen sogar fotografieren als Beleg der staatsbürgerlichen Unzuverlässigkeit im Sinne der nationalsozialistischen Ideologie. Wenn das Treiben der Partei oder gar Staatspolizei in der gleichen Weise festgehalten wurde und damit belegbar war, galt dies als staatsfeindlich. Poether hatte wiederholt darauf hingewiesen, dass seine Jungen ruhig alles erzählen dürften, was sie um Poether herum trieben und was er sagte. Also hatte Schulte-Strathaus seine Jungen zu Worte kommen lassen. Es waren Messdiener auch aus der Klasse des Rektors beim Auftauchen der Stapo dabei. Poether appellierte an die Vernunft. Der Rektor und das Gericht hielten ihn doch wohl nicht für so naiv, dass er sich vor Schülern aus der Klasse von Schulte-Strathaus zu Äußerungen gegen die Stapo hinreißen lassen würde. Klar wurde, dass alle in diesem kleinen Flecken Westfalens schon vor der Staatspolizei zitterten und wussten, sie ins Spiel zu bringen, war tödlich.

Seit dieser Meldung war Poethers Lebensweg besiegelt. Die Tatsache, den staatlichen Unrechtsvorgang, einfach in die Kirche einzudringen und Eigentum herauszuholen, zu fotografieren, musste jedermann als Einbruch in einen Immunitätsraum ansehen. Was haben die denn dort verloren, hätte jeder gedacht. Darauf zielte Poether mit seiner Verteidigung ab. Er habe nur das unglaubliche Benehmen der Transporteure filmen wollen. Mit brennender Zigarette, Hände in den Taschen und Mützen auf dem Kopf, seien sie wie Räuber in einen Tempel eingedrungen. Die Akteure lächerlich zu machen, wie ihm unterstellt wurde, habe er nicht beabsichtigt. Eine andere Falle wurde Poether gestellt, als ein Junge im Unterricht begehrte, aus

Die Geschwister beim Ausflug: Bernhard, Maria und Hermann Poether.

der Jungschar austreten zu wollen. Eine Verquickung von Unterricht und Schülerleben nach der Schule war nicht erlaubt. Für Poether war das eine schmerzliche Erfahrung zu sehen, wie an der Schule die einen durften, was den anderen verboten war, dass selbst Sakristeichristentum gefährdet war. Dort musste er die Kirche verrammeln, sonst würden die Messdiener verprügelt und von der Polizei nicht geschützt werden; denn diese erweise sich der Kirche und ihren Einrichtungen gegenüber als Räuber.

Poether konnte es doch nicht unterlassen, auf einen Skandal in der staatlich geförderten, Staatsjugend, dem Jungvolk, hinzuweisen und den Rektor zu fragen: „Haben Sie von den Schweinereien im Jungvolk gehört?" Namhaft geworden waren unsittliche Handlungen an Schulkindern in einem Jungvolkheim durch den Fähnleinführer Dietrich. Pflichtschuldig erwiderte der Rektor, die Sache sei wegen Geringfügigkeit niedergeschlagen worden und gehe ihn gar nichts an und den Lehrer Poether auch nicht. Poether hielt dagegen, er sei nicht nur Lehrer, sondern auch Seelsorger. Das Dilemma des Kirchenmannes trat brutal aus der Deckung. Bei den Messdienern schnüffelte der Rektor ohne Hemmungen herum und machte Meldung über Poether, um ihm fürs erste eine Anklage an den Hals zu hängen. Seine Schüler im Ferienlager des Jungvolkes in der Missbrauchsgeschichte gingen ihn aber nichts an. Die Schüler hatten die Doppelmoral in der Schule schnell heraus und machten sich ein Vergnügen daraus, diese Möglichkeit beim wehrlosen Kaplan zu nutzen. Angesprochen auf dieses Zeltlager sagte ein Schüler auf die Frage, ob er denn die Schweinereien mitgemacht habe, zu Poether: „Messdiener waren auch dabei." Poether hatte sogar schon Schüler aus disziplinarischen Gründen in die HJ geschickt. Zumindest hatte er elterliche Bedenken ausgeräumt mit dem Bemerken, wenn sie denn schon da hingehen müssten, dann schade ihnen ein wenig Drill gar nicht.

Poether wurde in Gladbeck-Zweckel vom Rektor der Overberg-Schule Schulte-Strathaus am 22. April 1937 das erste und am 4. September 1937 ein zweites Mal beim Regierungspräsidenten – Abteilung für Kirchen und Schulen – angezeigt und am 10. September 1937 von der Staatspolizei, nach seinen Einlassungen beim Stadtschulrat Eckert, am 2. September 1937, verhört. Am 5. November wurde bekannt, dass Poether keinen Religionsunterricht mehr erteilen dürfe. Am 13. Juni 1938 erfolgte die Einstellung des Strafverfahrens gegen Poether wegen Vergehens gegen § 2 des Heimtückegesetzes aufgrund des Straffreiheitsgesetzes vom 30. April 1938. Der Oberstaatsanwalt beim Sondergericht in Dortmund, Dr. Wirth, wollte den Beschuldigten verwarnen lassen. Poether hatte seinen so genannten nebenamtlichen Beruf als Religionslehrer in Gladbeck-Zweckel verloren, und das Eintreten für die katholische Bekenntnisschule war mehr als begründet. Die Befürchtung der Kirche war, dass zunächst der Geistliche aus dem Unterricht entfernt, dann der Religionsunterricht gestrichen und zuletzt eine konfessionslose Gemeinschaftsschule entstünde. An eine kämpferische unreligiöse Schule, wie sie Poether in Gladbeck und viele andere im Deutschen Reich erfahren mussten, hatte wohl niemand konkordatsgeschützt gedacht. Dabei waren die nationalsozialistischen Kräfte von vornherein bedacht, die Kirche für die Ziele der Partei und ihres Deutschen Reiches beten zu lassen. Das auf Protest nicht eingeführte Neue Vaterunser, das der nationalsozialistische Schulrat Schulte in Dinslaken vor und nach dem Unterricht beten lassen wollte, zeigte es:

„Vater in deiner allmächtigen Hand
Steht unser Volk und Vaterland.
Du warst der Ahnen Stärke und Ehr,
Bist unsere ständige Waffe und Wehr.
Drum mache uns frei von Betrug und Verrat
Mache uns frei zu befreiender Tat.
Schenk uns des Heilandes heldischen Mut,
Ehre und Freiheit sei höchstes Gut.
Unser Gelübde und Losung stets sei:
Deutschland erwache, Herr mache uns frei."

Bischof von Galen hatte oft protestiert und protestieren müssen. Da wurden die Kreuze aus den Schulen entfernt und als Kitsch bezeichnet. Er verlangte eine schriftliche Erklärung der Laienlehrer und die rechte vom Pfarrer zu bescheinigende Einstellung zum Glauben, ansonsten würde ihnen die Missio Canonica, die kirchliche Unterrichtserlaubnis, entzogen. Zuletzt wies er eindringlich im Hirtenbrief die Jugend darauf hin, dass sie den Bund mit Gott, ihrem Schöpfer, und Christus ihrem Erlöser verlören, wenn sie sich vom „katholischen Gemeinschaftsleben der Pfarrjugend" ausschlössen und bei Messe und Kommunion fehlen würden. Dabei beschwor er noch einmal das Konkordat. Er musste aber erfahren, dass der Besuch des Schulgottesdienstes überall stark nachließ. Der sonntägliche Kirchenbesuch schwand noch mehr. Vom ersten Tag des Episcopats von Galens bestand der Konflikt mit dem Staat um die Bekenntnisschulen.

Im Jahr 1937 war der Kampf für die katholische Bekenntnisschule verloren. Unterrichtsverbote im Bistum Münster für Geistliche brauchten nicht mehr ausgesprochen zu werden; denn wie Poether durften sie überhaupt nicht mehr unterrichten. Es war kein Wunder, dass die Geistlichen aus der Schule entfernt wurden. Allein 2877 Anzeigen lagen beim Reichskirchenminister Kerrl vor. Warnten die Geistlichen doch vor der Gemeinschaftsschule, sie wäre schlimmer in ihren Wirkungen als das Niederbrennen der Kirchen in Mexiko, Spanien und Russland, oder wer für sie werbe, sei kein Christ, sondern ein Heide.

Beim Aufbau eines kirchlichen Parallelunterrichtes machten in Gladbeck 50 bis 75 Prozent und in Bottrop, der künftigen Stadt von Poethers Seelsorgetätigkeit, 50 bis 60 Prozent Kinder mit.

Kirchenaustritte waren die Modekrankheit, die Reaktion der Beamten auf die Umwandlung der Schulen war entmutigend, so dass der Bischof sich an sein Kirchenvolk wandte. In einer offenen Befragung wollte er sich der Gläubigen versichern, ob sie wie er für die katholische Bekenntnisschule seien. Durch Handhebung im Sonntagsgottesdienst sollte nach folgendem Wortlaut abgestimmt werden: „Die Katholiken der Pfarrgemeinde [...] verlangen die katholische

Bekenntnisschule, in der der ganze Aufbau der Schule wie Lehrer, Schulordnung und Schulbücher in allen Fächern vom christlichen Geist geprägt sind."

Bei der Abstimmungsaktion vom 26. Februar 1939 hatten 813.471 Kirchenbesucher ihre Hand erhoben, das waren rund geschätzt 98,7 Prozent. Es hatte alles nichts geholfen. In Westfalen hatte sich die Deutsche Gemeinschaftsschule kurz darauf durchgesetzt. Durch Rundverfügung war bereits die katholische Jugendorganisation ausgeschaltet worden. In Zweckel verlor Kaplan Poether seine Seelsorgebeauftragung als Religionslehrer und als Jugendkaplan. Hier hatte ebenfalls eine Abstimmung stattgefunden. Der Religionslehrer Rio fragte in seinem Unterricht: „Wollt Ihr Euch aus der Jungschar streichen lassen?" Natürlich sagten alle: „Ja". Darauf erschienen während des Unterrichts von Poether zwei Jungen, die sich aus der Jungschar abmelden wollten. Sie konnten nur geschickt sein; denn ohne Erlaubnis war es nicht möglich, den Unterrichtsraum zu verlassen, um andere Klassen aufzusuchen. Der schon genannte Schüler Barde verbreitete dann, dass der Pfarrer Issel Angst hätte, und deswegen verläse der Kaplan (Poether) immer die Hirtenbriefe des Bischof von Galen.

Poether griff das Thema „Mut" in seiner Stunde auf. Er schilderte, wie jemand erklärte, mit seinem Glauben fertig zu sein und sein letztes Ideal im „ewigen deutschen Soldaten" sähe. Poether musste früher schon mit seinem Ideal, dem Feldkaplan, den Jungen imponiert haben. Nun aber gab er zu Protokoll, er habe an die deutsche Wissenschaft erinnert, die im Ausland sehr geschätzt sei. Wie um sich und seinen Schülern Mut zu machen, zitierte er aus dem „Scheideweg":

„Wir schreiten in das Neue Jahr,
komm Bruder, gib mir deine Hand.
Wir trutzen Tod und Gefahr,
wir wollen Gott und unser Land."

Poether lag es nicht, eine Schau abzuziehen. Es entsprach nicht seinem Charakter, NS-Plakate abzureißen oder während des Horst-Wessel-Lieds im Schwimmbad ins Wasser zu springen und vor der lautlos verharrenden Schülerschar, die die Hand zum Hitlergruß erhoben hatte, loszukraulen, wofür andere Geistliche in Gladbeck verhört und bestraft worden waren. Er hatte lediglich in der kirchlichen Jugendarbeit tätig sein wollen und konnte nicht begreifen, was Unrecht daran wäre. Die erste in deutscher Sprache überhaupt verfasste Enzyklika von Pius XI. „Mit brennender Sorge" hatte hervorgehoben, dass die Missachtung des Elternwillens in der Schulfrage im Widerspruch zum Naturrecht stehe und unsittlich sei. Der „unbekannte Soldat Christi" stehe mit trauerndem Herzen, aber erhobenen Hauptes im Namen Jesu diese kirchenfeindliche Zeit durch. Nur in der Diözese Münster wurde die Enzyklika im vollen Wortlaut verlesen. In Zweckel oblag die Aufgabe, Hirtenbriefe sonntags von der Kanzel zu verlesen, dem Kaplan Poether. Dies wurde in der Anzeigeschrift allerdings nicht gegen Poether vorgebracht. Münster, die Provinzialhauptstadt, geriet in heftige Erregung nach dem Verlesen des Päpstlichen Rundschreibens und man fragte sich, ob der Bischof die Märtyrerkrone anstrebe. Die Familie Poether schien von den Auseinandersetzungen Bernhards nichts mitbekommen zu haben. Vater Poether berichtete von den Familienbegebenheiten und besorgte seinem Sohn den gewünschten „Großen Herder" und die neue Brevierausgabe vom Pustetverlag. Das Familiengrab sei erst einmal gärtnerisch gestaltet worden. Die Fotos vom Grabstein habe er an den Künstler Minkenberg zurückgeschickt. Wegen des hohen Preises müsste die Ausfertigung des Steins noch warten.

Bruder Hermann hatte seit längerem ein schweres Nieren- und Magenleiden. Doch keiner dachte daran, dass er sobald versterben werde. Die Religion, so hieß es, brächte ihn wieder ins Gleichgewicht. Bernhard wurde um ein Memento für ihn gebeten, weil Hermann Tag und Nacht unter Schmerzen litt. Trotz allem bemühte dieser sich um Devisenbeschaffung. Die Sache wurde etwas mysteriös geschildert. Es sah so aus, als ob Hermann als Sparkassensekretär deswegen nachts nicht habe schlafen können. Da war von einer Kassenrevision die Rede und dass er Manschettenknöpfe in Verwahr genommen hatte. Klar wurde, dass er jemandem Dollars zur Ausreise nach Amerika beschaffen wollte. Dann hieß es wieder, die Geldabwertung hätte für die Kassen Verluste gebracht, so dass Geld für einen Auslandsaufenthalt von vier bis sechs Monaten nicht zu bekommen wäre. Trotzdem ließ er nicht locker und versuchte es über Beziehungen. Über die Schwester „unseres Doktors L." hatte er kein Glück und wollte es über die Mauritz-Schwestern versuchen. Dass dieses Unternehmen nicht ungefährlich war, musste der Familie Poether bekannt gewesen sein, saßen doch schon Hiltruper Missionare und Schwestern wegen beklagten Devisenvergehens im Gefängnis. Darüber war für die SA-Trupps ein neuer Schlager geboren:

„Ja das Leben in dem Kloster
ja das Leben, das ist schön,
ja da kann man statt zu beten
auch Devisen schieben gehen."

Die Devisenbeschaffungsversuche konnten keine Folgen mehr für Hermann haben; denn am 20. April 1937 verstarb er, 34 Jahre alt, an Nierenversagen.

Im Schematismus des Bistums Münster von 1938 wurden die „Seelsorger für Fremdsprachige" in alphabetischer Reihenfolge angegeben. Unter „Polnisch" fanden sich 35 Namen, darunter Kaplan Bernhard Poether in Gladbeck. Von einer Sonderbeauftragung, unter Polen als Seelsorger tätig zu sein, war nirgends die Rede. Über eine Polenseelsorge in Zweckel wurde nichts berichtet, wenngleich in den Beschreibungen über Poethers Tätigkeit die Betreuung der polnischen Minderheit in den Pfarren Gladbeck und Bottrop angegeben wird. Poether stand allerdings in der Tradition der systematischen Polenseelsorge im Bistum Münster seit der Jahrhundertwende. Es war nicht damit getan, für die polnischen Arbeiter die nötigen Papiere zu bekommen. Eine regelrechte Zuwandererschwemme polnischer Arbeiter verdoppelte die Einwohnerzahl Bottrops auf über 24.000. Die polnischen Erwerbsemigranten in Bottrop kamen aus dem Umkreis der oberschlesischen Städte Ratibor und Rybnik, hatten die deutsche Staatsangehörigkeit, waren römisch-katholisch und sprachen unter sich polnisch. Ihre religiöse Kultur war so ausgeprägt und ihr Eifer des Kirchenbesuches so dominant, dass sie innerhalb der Pfarren in Bottrop eine eigene Welt aufbauten. Das Bistum Münster bemühte sich um Seelsorgehilfe für die Mission unter den polnischen Katholiken in Vorbereitung auf Ostern und den allgemeinen Kommunionempfang. Die zugesagte Abordnung von polnischen Seelsorgern ins Ruhrgebiet durch die Kanzlei des Primas von Polen lief über den Leiter der polnischen Schulvereine und Priester der Prälatur Schneidemühl/Berlin, Josef von Styp-Rekowsky.

Kaplan in St. Josef Bottrop-Batenbrock

Ins Zentrum dieser Gemengelage wurde Kaplan Poether zum 11. April 1939 versetzt. Nach den Kümmernissen in Zweckel musste Poether sich in Bottrop-Batenbrock sehr willkommen gefühlt haben. Dort gab es eigene Polenmessen. Sie waren im Kirchenblatt in polnischer Sprache angekündigt. Dort wurden polnische Lieder in der Messe gesungen, Messen mit polnischer Predigt angekündigt. Die polnischen Vereine hatten wohl in St. Josef ihren Mittelpunkt. Die Schwierigkeit bei dieser Volksgruppe war nicht ihre Katholizität, sondern ihre Nationalität. Längst eingedeutscht wurde das Reichsbürgergesetz vom 15. September 1935 ihnen und ihrem Seelsorger zum Verhängnis. Es bestimmte, wer ein Staatsbürger nach diesem Gesetz war und konnte leicht jedermann wegen undeutscher Gesinnung anklagen. Es lautete: „Reichsbürger ist nur der Staatsangehörige deutschen oder artverwandten Blutes, der durch sein Verhalten beweist, dass er gewillt und geeignet ist, in Treue dem deutschen Volk und Reich zu dienen."

Poether hatte nach Beschreibung des religiösen Lebens in Bottrop seine Seelsorgegemeinde gefunden. Nur die Kirchenzeitungen im Bistum waren seit 1937 verboten, so dass sein Wirken danach nicht zu dokumentieren ist. Zuletzt wurde Weihnachten in der Bottroper Volkszeitung noch die Polenmesse angezeigt. Das polnische Vereinsleben war, als Poether von Gladbeck (Zweckel) nach Bottrop (Batenbrock) überwechselte – die Pfarreien liegen benachbart – schon von der Gestapo ausgelöscht. Einzig greifbar hatte die Gestapo im Bericht zu Poethers Festnahme seine Tätigkeit so bezeichnet (2. Oktober 1939): „[...] als Geistlicher in Bottrop hielt er einmal im Monat Beichte in polnischer Sprache ab." Danach hätte Poether gerade einmal vier bis fünf Mal in Bottrop für die polnisch sprechenden Gläubigen Beichte gehört. Dass man sich bespitzelt wusste, führte wohl dazu, möglichst verdeckt und zurückgenommen mit den ungeliebten Zeitgenossen in der Kirche umzugehen; denn mit Ausbruch des Krieges erhielt der Pfarrer von Herz-Jesu den Anruf: „Wenn bei Ihnen morgen noch polnisch gepredigt wird, dann schlagen wir Ihnen die Bude zusammen." Der Zug der Spitzel durchs Revier hatte seine Folgen. Ohne große Schwierigkeiten konnten Vertreter der polnischen Vereine verhaftet werden. Es waren elf angesehene katholische Männer aus dem geschilderten polnischen Volkstum nach den Erinnerungen von Kaplan Allgaier aus dieser Gemeinde.

Beten und Glauben lernt man nur in der Muttersprache. Die deutschen Ruhr-polen sprachen zu Hause nicht das Kumpeldeutsch des Reviers, sondern ihr Wasserpolnisch und feierten die Sonn- und Festtage in ihrer polnischen Liturgie. Dass sie in der katholischen Messe still beten sollten und deutsch das Evangelium vorgelesen bekamen, verstörte sie und machte ihnen den Verlust von Heimat bewusst. Sie fühlten sich in der immer mehr nationalistisch werdenden Umwelt fremd, verstoßen und ungeliebt. Poether wurde von niemandem so verehrt, wie von den Bottroper Oberschlesiern, weil er mit ihnen im Umgang polnisch sprach, Gottesdienst feierte, sich mühte, als Reichsdeutscher unter ihnen zu sein. Vielleicht liebte er ihre Volksliturgie, die in ihrer traditionellen Weise moderner war als die ritualisierte lateinische Messe. Die polnische Art erinnerte ihn womöglich an die religiösen Feiern der Jugendbewegung. Poether musste den oberschlesischen Katholiken wie ein Engel erscheinen, der auch im Gefängnis mit ihnen so sprach wie sie und betete.

Seit 1938 musste auf der Steuerkarte das Religionsbekenntnis erkennbar sein. Für den Oberschlesier in Bottrop war das Bekenntnis römisch-katholisch (rk) ein Bekenntnis zur polnischen Kulturheimat. Poether lebte und liebte sie mit seinen Gemeindemitgliedern. Was er ihnen in seinem seelsorglichen Bemühen entgegengebracht haben mochte, ging aus einem späteren Erlass zur seelsorglichen Betreuung der im Reich eingesetzten Zivilarbeiter polnischen Volkstums hervor, den das bischöfliche Generalvikariat im Kirchlichen Amtsblatt abgedruckt hatte. Es wäre unter der nationalen Würde und Selbstachtung, polnischen Zivilarbeitern in der Kirche Plätze anzubieten, sie wegen ihres regen Gottesdienstbesuches als Vorbild herauszustellen, sie sogar in zweisprachigen Rundschreiben zum Besuch der deutschen Gottesdienste einzuladen und ihnen Fahrräder dafür zur Verfügung zu stellen. Die Teilnahme von Arbeitern polnischen Volkstums an den Gottesdiensten der örtlichen Pfarrgemeinde wurde schlechthin untersagt. Für diese Polen durfte nur gesondert Gottesdienst gehalten werden: Gesang und Gebet in ihrer Sprache war dabei untersagt.

Wie Poether im Zentrum dieses Volkstums in St. Joseph Bottrop-Batenbrock in der kurzen Zeit vom 11. April 1939 bis zu seiner Verhaftung am 22. September 1939 unter Pfarrer Bruns arbeitete, fand sich nur in Belobigungen. Er wollte das Generalvikariat über seinen außerordentlichen Kaplan Poether informiert haben. Ein Gemeindemitglied berichtete, dass Poether als wahrer Seelenhirte in der damaligen Zeit der Hetze gegen die Polen keine nationalen Unterschiede gekannt habe. Als die polnischen Organisationen von der Gestapo überwacht wurden, die Kurse in polnischer Sprache für

St.-Josef-Kirche in Bottrop.

Schulkinder durch Überfallkommandos zerschlagen und die Lokale der polnischen Jugend aufgelöst wurden, hielt Poether zu seinen gläubigen Polen und ließ sie nicht im Stich. Was das auch bedeuten mochte, sie hatten das Gefühl, er sei einer von ihnen. Ohne dass sie bis heute gefunden wurde, hatten die Polen ihm eine Gedenktafel gesetzt, wo sie aller gedacht hatten, die ihr Leben für die Sache Polens geopfert hätten. An erster Stelle war der Name des Priesters Poether eingetragen. Die Tafel hatte den Ehrungsgrund mit folgendem Wortlaut angegeben: „Im Gedenken der Polen wird er immer als das Vorbild eines Menschen und Priesters bleiben, der die Gerechtigkeit über alles liebte."

Mit dem Ausbruch des Krieges, dem Einmarsch der deutschen Truppen in Polen am 1. September 1939, war jeder Ausländer Reichsfeind. In der Nacht vom 10. September sollen 234 Mitglieder aus ehemaligen polnischen Organisationen in Deutschland verhaftet worden sein; aus St. Josef Bottrop neun. Darunter war der Vorsitzende des kirchlichen Polenvereins, Adamsky. Pfarrer Bruns erzählte, dass Männer polnischen Namens und Ursprungs ins Bottroper Gefängnis geworfen worden seien. Kaplan Poether sei entsetzt gewesen, weil diese Männer doch eingedeutscht waren und völlig harmlos. Unter diesen Gemeindemitgliedern war die Familie Mosczar aus Gladbeck (Rentfort), Beckstraße 103, St. Josef. Im letzten offiziellen Bericht der Gestapo – Staatspolizeistelle Münster – vom 2. Oktober 1939 wurde Poethers Protest dazu wie folgt dokumentiert: „Der Kaplan Bernhard Poether, geb. am 1.1.1906 zu Datteln RD (Reichsdeutscher), katholisch (es müsste stehen rk = römisch-katholisch), ledig, wohnhaft in Bottrop, Flassviertel Nr. 8, wurde am 22. September 1939 in Schutzhaft genommen."

Die Schutzhaft erlaubte aufgrund der Verordnung des Reichspräsidenten vom 28. Februar 1933 zum Schutz von Volk und Staat, missliebige Personen ohne Anspruch auf richterliche Nachprüfung unbegrenzt in staatlichen Gefängnissen oder Konzentrationslagern zu inhaftieren. Nicht Poether musste geschützt werden, sondern das Deutsche Reich. Die Gefährdung durch Poether für Volk und Vaterland bestand darin, dass er in der Gestapo-Außendienststelle in Bottrop am 13. September 1939 erschien und eine Auskunft „im herausfordernden Ton" verlangte. Er wollte Auskunft haben über die in Schutzhaft genommenen polnischen Minderheitsangehörigen. Vor allem ging es bei diesen Fragen darum herauszufinden, ob Willkür vorläge. Es galt herauszufinden, ob solche Festnahmen eine örtliche Maßnahme seien oder allgemein angeordnet waren. Dahinter war die Verwunderung Poethers zu merken, ob man das ganze Ruhrgebiet, zumindest Bottrop und Umgebung, festnehmen wollte, wo doch die Bevölkerung um die Jahrhundertwende sich durch die oberschlesischen Zuwanderer mehr als verdoppelt hatte. Der Berichterstatter verweigerte jegliche Auskunft über die näheren Umstände der Verhaftung, den seelsorglichen Zugang zu ihnen, und es wurde Poether beschieden, sich höheren Ortes eine Genehmigung dazu zu holen. Wörtlich äußerte er sein Unverständnis zur Festnahme der von ihm nicht näher bezeichneten Personen: „Die Mutter sitzt zu Hause mit den Kindern und heult. Der eine Sohn steht an der Front und der andere (gemeint war der Mann) sitzt im Gefängnis, das ist ein Wahnsinn."

Poether wurde darauf hingewiesen, dass diese Äußerungen Kritik an Behördenmaßnahmen darstellten, worauf er erregt die Dienststelle verließ. Poether wusste es nicht und war nicht darauf vorbereitet, was sein Bischof von Galen erst bei den Klosteraufhebungen in Münster in der Predigt vom 20. Juli 1941 abkanzelte. Die Gestapo würde völlig unabhängig, selbständig und unter Ausschluss der Öffentlichkeit über Wehrlose herfallen und sich bereichern. Poether war nicht der erste der polnisch sprechenden Geistlichen im Bistum Münster, die nach Kriegsbeginn von der Gestapo behelligt wurden. Der Kaplan in St. Johannes Duisburg-Hamborn, Anton Bornefeld, Leiter der Polenvereine, erlebte deren Auflösung schon am 5. September mit einer Hausdurchsuchung. Er war zehn Jahre lang in St. Josef Bottrop unmittelbar vor Poether tätig. Wanderseelsorger und Pfarrer Bernard Klapheck aus Bottrop wurde ebenfalls wegen Zusammenarbeit mit den Polenvereinen und der Ausländerseelsorge durchsucht.

Poether war aber der erste Polenseelsorger, der sich aktiv für seine Gemeinde einsetzte. Die Gemeinde, der er sich über die Pfarrgrenzen hinaus verpflichtet fühlte, war die, die sich mit den polnisch sprechenden Katholiken mit eigener Messe im Ruhrgebiet organisiert hatte. Der festgenommene Adamsky war Vorsitzender des kirchlichen Polenvereins. Der Nachfolger Poethers, Kaplan Johannes Wahmhoff, erhielt eine Anstellung an seiner ersten Seelsorgestelle in St. Josef am 13. September und erzählte, der Sohn dieses Arbeiterführers wäre schon in den ersten Kriegstagen als erstes Opfer der Pfarrgemeinde in Polen gefallen. Die spätere Ordensschwester Kaiser, Nichte Pfarrer Bruns´, gab an, dass die Familie Moszka nach Vorzeigen der Todesnachricht ihres Sohnes freigekommen sei. In St. Josef Gladbeck, wo diese Familie wohnhaft war, hatte gerade ein Pfarrerwechsel stattgefunden. Der reichlich mit Konflikten beladene Pfarrrektor Josef Helmus war der polnischen Sprache mächtig, wurde aber wegen des Umgangs mit der polnischen Sprachgruppe nie angezeigt, obschon er kein Blatt vor den Mund nahm und wegen seiner Äußerungen letztlich nach Poethers Tod ins KZ Dachau eingeliefert wurde. Ob er sich um die freigelassene Familie Moszka kümmerte, wurde nicht bekannt. Es ging darum, dass der Ehemann weiter in der Zeche arbeiten und die Familie in der Arbeitersiedlung wohnen bleiben durfte.

Sicherheitsverwahrung durch die Stapo

Poether soll wegen der Freilassung der Inhaftierten mehrmals bei der Gestapo vorgesprochen haben und sogar zum Gestapochef Sprokmann gegangen sein. Dieser, so berichtete Machowski, einer der Gefängnisinsassen, hätte gegenüber Poether die Drohung ausgestoßen: „Jetzt kommt ein Schwarzer dran." Poether hatte erreicht, dass diese Familie aus dem Gefängnis Bottrop entlassen wurde. Der Gestapochef Sprokmann wurde nach dem Krieg von dem Überlebenden Machowski angezeigt und ist als Gestapochef für Gladbeck zu fünf Jahren Haft verurteilt worden. Poether aber überlebte den Gang zur Gestapo nicht. Er wurde in Schutzhaft genommen und sah die Welt in Freiheit nie wieder. Am 22. September kam die Gestapo zu ihm ins Pfarrhaus in Bottrop, Flaßviertel Nr. 8. Zwei Gestapoleute holten ihn wohl zur Zeit der Frühmesse ab, als Pfarrer Bruns gegenüber in der Kirche zelebrierte. Er las die Messe an diesem Freitag um 6.30 Uhr vom hl. Mauritius, dem Hauptmann der christlichen thebaischen Legion, die in der Diokletianischen Verfolgung samt und sonders umgebracht worden war. Die Leute der Geheimen Staatspolizei kamen immer wie Diebe in der Nacht, um kein Aufsehen zu erregen. Das wohl nicht ohne Grund, denn die Festnahme des Kaplans soll nach übermittelten Aussagen von Pfarrer Bruns in der Pfarrgemeinde für nicht geringe Unruhe gesorgt haben. Immerhin war man im engeren Pfarrzirkel wohl nicht unbesorgt über die Vorgänge um die Polen und Poether; denn dieser soll der Nichte des Pfarrers, die gerade ins Pfarrhaus kam, gesagt haben: „Sag deinem Onkel, sie haben mich abgeholt."

Das Generalvikariat hatte schon Kaplan Wahmhoff zum Nachfolger Poethers bestimmt, ehe dieser verhaftet wurde und wohl im Sinn gehabt, Poether aus der Schusslinie zu nehmen. Die Gestapo aber war schneller. Die Gemeinde sah Poether nicht wieder. Das Generalvikariat führte ihn von nun an nur noch als „Beurlaubten", d.h. seine Bezahlung für den Seelsorgedienst wurde eingestellt. Pfarrer Bruns war mit dem Entgelt an den Kaplan Poether saumselig, so dass dieser aus dem KZ noch seinem Vater schrieb, er möchte sich, wenn Pfarrer Bruns seinen Zahlungsverpflichtungen nicht nachkomme, an den Generalvikar Meis wenden. Handschriftlich auf dem Polizeibericht wurde vermerkt, dass die besonderen Zuschüsse vom Staat an Pfarrer Poether nicht gesperrt werden könnten, da er ja Kaplan sei und als solcher keine bekomme.

Eine ominöse Geschichte wurde von Schwester Kaiser berichtet. Danach wäre Ende November/Anfang Dezember frühmorgens vor der Werktagsmesse Kaplan Poether in Begleitung zweier Polizisten aus der Straßenbahn gestiegen. Er wäre ins Pfarrhaus gegangen und hätte dort mit dem Pfarrer eine lange Zeit gesprochen, wäre dann Abschied nehmend mit den beiden Polizisten durch die Kirche gegangen. Danach wären sie in die Straßenbahn gestiegen und wenig später wäre Poether nach Oranienburg ins KZ Sachsenhausen transportiert worden. Er hätte elend ausgesehen und einen Trainingsanzug getragen. Von einem Freigang aus dem Bottroper Gefängnis war sonst nirgendwo die Rede. Pfarrer Bruns wusste im Gegenteil zu berichten, dass er dank der guten Beziehung zum katholischen Gefängniswärter Poether mit seinem neuen Kaplan Wahmhoff hätte besuchen können. Dass die Polizei mit der Straßenbahn gekommen sein sollte, macht die Geschichte aus der Erinnerung fragwürdig.

Eher wäre denkbar, dass Poether in der Einsatzphase für die gefangengesetzten Polen mit Vertrauensleuten Pfarrhaus und Kirchenraum auf verdächtiges oder belastendes Material durchgegangen war: Gebetbücher in polnischer Sprache, polnische Mitteilungen, Fahnen usw. Dass er kein Auto fuhr, erklärt, dass er sein Auto vor der Beschlagnahme für den Kriegseinsatz in Sicherheit gebracht hatte.

Der Polizeibericht hatte die Tatsache, dass Poether vernommen wurde aufgezeichnet und seine Aussagen zum Teil wörtlich und inhaltlich zusammengefasst. Tag und Stunde der Vernehmung wurden nicht mitgeteilt. Ebenso fehlen die Namen der Frager. Das Ergebnis dieses Befragungsprotokolls für die „Inschutzhaftmaßnahme" wurde vorangestellt. Poether hätte „keinen Hehl von seiner staatsfeindlichen und polenfreundlichen Einstellung" gemacht. Der mitgeteilte Schriftsatz, allerdings ohne Poethers Unterschrift, darf als sein Bekenntnis gelten. Er legte nicht nur sein Berufsethos dar, sondern ein Zeugnis des christlichen Menschenbildes:

„Am politischen Geschehen der Jetztzeit habe ich keinen aktiven Anteil genommen. Als Seelsorger mache ich zwischen Polen und Deutschen keinen Unterschied. Auch die mir bekannten Gräueltaten der Polen gegenüber den Volksdeutschen haben diese meine Einstellung nicht ändern können. Ich fühle mich verpflichtet, auch die Polen heute noch seelsorglich zu betreuen, genau so wie ich mich einem jeden gegenüber derartig verpflichtet fühle. Trotz der von Polen an Deutschen verübten Schandtaten fühle ich mich von dem polnischen Volkstum als Ganzem nicht abgestoßen. Als Seelsorger bin ich überstaatlich eingestellt und kann daher keinen Unterschied zwischen Deutschen und beispielsweise Polen machen. Ich würde auch ungeachtet dessen, dass die Festgenommenen Staatsverbrecher wären, mich verpflichtet fühlen, für sie einzutreten."

Gleichsam ein biografischer Steckbrief von seinem Polenaufenthalt in den Jahren 1934 bis 1936 und dem eingestellten Verfahren am Sondergericht wegen seiner Tätigkeit in Gladbeck wurde angefügt: „Wegen zu vermutendem Freiheitsmissbrauches, in der Bevölkerung zersetzend zu wirken", werde Schutzhaft bis auf weiteres beantragt. Daraus wurde geschlossen, Poether hätte freikommen können, wenn er versichert hätte, keine Seelsorge bei anderen Nationalitäten zu betreiben. Kaplan Wahmhoff, der ihn im Bottroper Gefängnis besuchen konnte, meinte, Poether hätte dort herauskommen können, wenn er den jungen Gestapobeamten entgegengekommen wäre. Sie hätten ihm nahegelegt, auf einem Vordruck nur auf die eine Alternative zu setzen und bei der Frage das Kreuz richtig anzubringen. Die Frage lautete: „Wem würden Sie in einer Notlage helfen, dem Deutschen oder dem Polen?" Poether hätte nur den Deutschen anzukreuzen brauchen und er wäre entlassen worden. Aber die jugendbewegte und christlich orientierte Haltung aus der Quickbornzeit, wahrhaftig zu sein, hätte ihm jede Scheinlösung verboten. Es sah so aus, als hätten die Gestapoleute selbst eine Handhabe gesucht, ihn laufenzulassen. Andere meinten, sie hätten ein Spiel mit

Bernhard Poether im Gefängnis in Bottrop.

Poether getrieben und sich an seinem Seelsorgsethos und seiner Gradlinigkeit geweidet.

Pfarrer Bruns und Kaplan Wahmhoff starteten nun selbst einen Versuch von außen, Poether herauszuholen. Sie marschierten zum Dechanten von Liebfrauen, Bernhard Hülshorst. Der kannte den Vertrauensarzt der Gestapo. Dieser wiederum war vor der Auflösung des Katholischen Akademikerverbandes dessen Vorsitzender gewesen. Der Plan der kleinen Klerikerverschwörung war, ihren Mitbruder im Herrn über ein ärztliches Attest aus dem Kerker zu befreien. Der Arzt war gefunden. Dechant Hülshorst sollte ihn nun dafür gewinnen, einen für die Freilassung formal richtigen Krankenschein auszustellen. Die Krankheit bei Poether hatte sich tatsächlich eingestellt. Durch die feuchte, kalte Kellerluft im Gefängnis hatte er sich ein schmerzhaftes Blasenleiden zugezogen. Eigentlich konnte gar nichts schiefgehen. Katholiken unter sich. Hilfe war angezeigt. Es kam zur Untersuchung. Poether hatte vorher schon die Erwartungen an die Bemühungen seiner priesterlichen Amtsbrüder gedämpft. Er hatte wohl gefühlt, wie er so häufig bei kritischen Augenblicken vernehmen ließ, niemand und nichts könne den Hirten von seinen Schafen trennen, das wäre der Seelsorger der ihn um Hilfe bittenden Menschen. Der Arzt hat in seinem Beruf, allen Kranken, die ihn aufsuchen, Hilfe zu leisten. Wenn Poether freikäme und das auf Attest, fiele das auf den Arzt zurück; denn dieser Poether würde bei allen Menschen arbeiten wollen, die abtransportiert werden sollten, auch bei diesen Menschen, die den Makel an sich trügen, volksfeindlich zu sein. Die Sachlage war klar. Der Arzt schrieb statt eines Rezeptes den Passierschein für Poether aus: „Transportfähig".

Pfarrer Bruns und Kaplan Wahmhoff waren mit ihrer Rettungsaktion gescheitert. Die Verbindung mit dem Gefängnis und ihrem Kaplan Poether hielten sie in Bottrop aufrecht. Sie und ihr Küster Wilhelm Kisters besuchten Poether abwechselnd und versorgten ihn mit Geschenken aus der Pfarre, hauptsächlich mit Lebensmitteln, und brachten ihm die hl. Kommunion, das Sakrament, das er in die Welt tragen wollte. „Das Heil der Welt, Herr Jesu Christ, wahrhaftig hier zugegen ist." Für ihn der einzige Seelentrost. Er durfte keine Messe feiern, das Stundengebet der Kirche, das Brevier, war ihm abgenommen worden. Zu Hause hatte er eine neue Ausgabe ungebunden erstanden, um sie in einem besonderen Pergament binden zu lassen. Nun hatte er aus Bindfäden einen Rosenkranz geknüpft, nicht nur um die Zeit totzuschlagen, sondern um allein und mit den Gefangenen diesen Rosenkranz zu beten.

Er hörte Beichte und tröstete die verängstigten Menschen, die nicht wussten, was mit ihnen passieren würde. Sie fühlten sich und waren es auch: ausgesetzt, rechtlos und allein. Weil Poether mit ihnen alles teilte, kam er ihnen vor wie ein Engel vom Himmel gesandt. Als Pfarrer Bruns am Heiligabend Poether im Gefängnis besuchte, saß dieser in einer Gemeinschaftszelle inmitten seiner Polen. Sie hatten den Raum mit einem Blumentopf und einem Tannenzweig geschmückt. Poether hielt eine Ansprache. Das Gefängnispersonal feierte auch deutsche Weihnacht und grölte von fern schnapstrunken „Stille Nacht". Die Gefängnisbesuche waren unerlaubt. Die Nachrichten an die Familien nach draußen liefen über den kleinen Geschäftsweg. Wie immer auf dieser Erde lief das Tauschgeschäft ganz gut. Man steckte den jungen Gestapoleuten etwas zu und sie drückten dann die Augen zu. Vorsicht war immer geboten. Man wusste, vor wem man sich in Acht nehmen musste. Hervorgehoben wurde ein Gefängniswärter mit Namen Kleinmeier, der ein praktizierender Katholik war. Man wusste, wann dieser Aufsicht hatte und die Luft rein war. Manchmal war Beichthören nur durchs Schlüsselloch möglich – Kassiber heraus, Lebensmittel hinein. Da bekam der gute Gustav seine Zigarre, denn auch für ihn war sein Durchlassen der Besucher und der Nachrichten nicht ungefährlich. Wenn es brenzlig wurde, rief der von den Gefangenen nur der „gute Gustav" genannte Gefängnisaufseher: „Meine Herren, die drei Minuten sind herum."

Freund Klockenbusch war um diese Zeit Studienreferendar in Burgsteinfurt und schrieb, so erzählte er, Pfarrer Bruns wegen Poether. Seine Frage war, ob ein Besuch im Gefängnis möglich wäre. Bruns machte mit Klockenbusch einen Termin aus. Klockenbusch musste sich vorher bei dem Pfarrer, der alles vorbereitet hatte, melden und wurde über sein Verhalten instruiert. Die „Besuchszeit" war ausgemacht. Klockenbusch schellte zur angegebenen Stunde, getarnt in „Räuberzivil" (damals so genannt: die nicht standesgemäße Kleidung eines Geistlichen), den Hut tief in die Stirn gedrückt, an dem Gefängnistor. Ein Diensthabender öffnete, führte den Fremden wortlos in einen Gang, deutete auf eine Bank. Als Freund Klockenbusch da wartete, öffnete sich irgendeine Tür und im Trainingsanzug, mit einem Besen in der Hand, kam ein Häftling heraus und fegte den Flur. Es war Poether, der immer wieder an der Bank vorbeifegte. Das Gespräch im Flüsterton unter der Aufsicht eines Polizisten war der Lage nach belanglos und in Wortfetzen hervorgebracht. Schokolade steckte Klockenbusch seinem Freund noch zu, dann ging dieser langsam durch den Gang, eine Tür fiel. Ein Abschied für immer.

KZ Sachsenhausen, Oranienburg bei Berlin

Pfarrer Bruns will Kaplan Poether zum drohenden Abtransport nach Sachsenhausen einen Briefumschlag untergeschoben haben mit dem Inhalt der konsekrierten Hostie. Es war für lange Zeit die letzte sakramentale Begegnung mit dem Herrn. Am 25. September hatte Poether den mitinhaftierten Polen noch die Generalabsolution gespendet, weil sie anderentags nach Essen abtransportiert wurden. Weihnachten hatte er mit einem anderen Kreis in Bottrop begangen, so dass eher die Annahme gerechtfertigt erscheint, dass der Abtransport nach Oranienburg in den Wintermonaten lag. Die Ankunft in Oranienburg wurde am 26. Februar 1940 registriert. Der Abtransport nach Sachsenhausen und seine Ankunft dort liegen im Dunkeln.

Die Daten schwanken: 20. März 1940 Antritt der Fahrt im Viehwagen, andere sahen ihn noch im Dezember im Bottroper Gefängnis. Poether war nun, wegen Verhaftung durch die Gestapo, am 22. September 1939 und mit dem Einsitzen im Bottroper Gefängnis „beurlaubt" vom priesterlichen Dienst in der Diözese Münster. Seine Registrierung als Häftling im Konzentrationslager Sachsenhausen/Oranienburg bei Berlin war der bischöflichen Behörde unter dem 20. März 1940 angegeben. Dort saß er eingebunkert im Block Z und trug seine Identitätsnummer 20437. Ein erstes Lebenszeichen erhielt sein Vater am 1. Juni 1940. Auf dem vorgegebenen Formblatt stand unmissverständlich neben der Anschrift eine Erklärung zur Verweildauer des Häftlings und seiner Beziehung zur Außenwelt ausgedruckt: „Der Tag der Entlassung kann jetzt noch nicht angegeben werden. Besuche im Lager sind verboten. Anfragen sind zwecklos."

Der Lagerkommandant veröffentlichte dann noch einen Auszug aus der Lagerordnung, die den Adressaten eine bittere Lektion über den eingeschränkten Briefwechsel erteilte. Es waren zwischen ihnen zwei Briefe mit je vier Seiten und zwei Postkarten mit 15 Zeilen in lesbarer Handschrift monatlich erlaubt. Was man wegen schlechter Lesbarkeit nicht zensieren konnte, wurde vernichtet. Bilder, Fotos und Pakete waren verboten. Über Postanweisung durften Geldzuwendungen empfangen und beim Lagereinkauf verbraucht werden. Damit wurde ausgesagt, dass jede Beschreibung des Lebens im Lager nicht nach draußen in die Welt und umgekehrt nicht in das Lager hineingelangen durfte. Deswegen waren die Schreiben Poethers nichtssagend und die der Eltern belanglos. Die Zustände beschrieben später die Überlebenden.

Poether war in Einzelhaft ein Jahr lang eingebunkert! Er litt daran, dass er seinen priesterlichen Beruf nicht ausüben konnte, nicht unter Menschen und mit Menschen zusammen die Tage verbringen durfte. Ein Priesterleben hieß aber auch, täglich und allein wenigstens die Stille Messe zu lesen und das Brevier zu beten. Dieses religiöse Leben war nicht gestattet. Er besaß kein Messbuch, kein Brevier. Sein Primizkelch wartete vergeblich auf den jungen Besitzer, der nicht nur am Altar, sondern vor der gesamten Welt Zeugnis ablegen wollte für Christi Botschaft und Reich. „Aus grauer Städte Mauern" wollte er frei hinaus schreiten. „Seit an Seit und die alten Lieder singen", stattdessen drehte er sich gefangen im Kreis wie in einem Käfig und fühlte, „als ob es tausend Stäbe gäbe und hinter tausend Stäben keine Welt." „Die größte Qual", so berichtete ein Leidensgenosse im KZ Dachau, Dekan Styp-Rekowski, sei nach den Erzählungen Poethers dessen Vegetieren in Sachsenhausen, „ohne jede Lektüre immer ganz allein in der Zelle zu verweilen." Eine andere Erzählung schilderte die Quälerei, dass nach Körper- und Gliedmaßen geeignete KZler täglich in ihren Zellen neue Stiefel für die SS einlaufen mussten, und Füße und Unterschenkel von dem harten Leder bald wund gerieben waren.

Etwas anderes brachten die Forschungen neuerer Zeit unter der Überschrift zutage: „Qualen der Versuchskonsumenten". Auf der „Schuhprüfstrecke" in Sachsenhausen wurden die Häftlinge als Versuchspersonen bei der Gebrauchswertforschung missbraucht. Dass sie körperlich dabei oft genug zu Tode geschunden wurden, diente dem Zweck, Ersatzrohstoffe für die knapp gewordenen Lederressourcen zu testen. Ebenso dienten sie als billige Arbeitskräfte bei der Erprobung der wieder verwerteten, gebrauchten Schuhe, etwa 20 Millionen Paar Schuhe im Jahr 1940, dem Jahr, als Poether dort einsaß. Ein Schlesier, der in Bottrop den Einsatz Poethers bei der Gestapo ausgelöst hatte, wusste beizutragen, dass der

„eiserne" Gustav, Gustav Sorge, Rapportführer vom KZ Sachsenhausen, eine besondere Freude daran hatte, Geistliche zu quälen.

Der erste Brief aus Sachsenhausen vom 1. Juni 1940 beschäftigte sich mit seiner Nachlassenschaft draußen in der Pfarre St. Josef in Bottrop und seinem Vater in Hiltrup. Immer wieder auch Erinnerungen an alte Zeiten und Freunde in den anderen Briefen bis zum 15. Dezember 1940. Er hatte gedacht, dass Kaplan Wahmhoff, sein Nachfolger in Bottrop, länger aushalten und Poethers Zimmereinrichtung, wie mit dem Pastor abgemacht, weiter benutzen würde. Bereits am 5. April aber war Wahmhoff nach Recklinghausen St. Josef versetzt worden.

Poether riet, das Klavier nicht zu verkaufen, weil es nur noch Erinnerungswert habe. Er wollte seine Möbel versichern lassen und überschlug den Wert seiner Habe mit Arbeitszimmer plus Kelch 2400 Reichsmark, Esszimmer 350 Reichsmark, Küche 150 Reichsmark und Schlafzimmer mit Inhalt 6000 Reichsmark. Der Vater musste erst einmal sehen, wo die Habseligkeien Bernhards standen; ob in Hiltrup, wie das Klavier oder der Kelch; denn in Bottrop, in den zwei Zimmern der Kaplanswohnung, hatte nicht alles Platz gehabt. Klockenbusch erzählte von den Weingläsern, vom Jenaer Teeservice, den Möbeln, einer Stahlgruppe, die erste dieser Art, und den Möbeln aus Kiefernholz, seiner Krippe (aus Ciecina) und von seiner Bibliothek, die sehr, sehr gut gewesen war, zum Beispiel sein in Pergament gebundenes Brevier enthielt. Nach 50 Jahren wusste Klockenbusch noch einige Autoren in seinem Predigtkonzept zum Totengedenken an seinen Freund Poether zu nennen, die in dessen Bibliothek gestanden hatten. Darunter waren Augustinus, Guardini, Verlaine, Dostojewski und Rilke. Danach hatte Poether über seinen Vater die Literaturgeschichte von Mumbauer und das Lexikon für Theologie und Kirche hinzugekauft.

Poether bat, wenn seine Sachen in Hiltrup angekommen wären, keine Leihbücherei aus seinen geliebten Büchern zu machen. Die zweite persönliche Angelegenheit, die ein wenig von der prekären Lage in Sachsenhausen hatte ahnen lassen, war die Geldfrage. Er meinte, in Sachsenhausen mit 20 Reichsmark monatlich reichlich auskommen zu können. Diese Summe hatte ihm sein Vater für die Lagereinkäufe in Sachsenhausen wohl überwiesen.

Poether gab seinem Vater an, dass er Pfarrer Bruns in Summa 230 Reichsmark schulde, darunter eine Zahnarztrechnung über 30 RM. Umgekehrt hätte er im August 1939 das letzte Gehalt bekommen. Für das von Mai bis September von ihm versehene Amt eines Rendanten stünden ihm noch 62,50 RM zu. Man sollte die Zahlung mit dem ausstehenden Gehalt verrechnen. Offenbar blieb die Angelegenheit unerledigt, so dass der Sohn aus seinem Verlies an seinen Vater schrieb, er möchte sich wegen der säumigen Geldgeschichte an „Meis" wenden. Wegen der Zeilenbeschränkung fielen alle Höflichkeitsfloskeln und Titulaturen in den Schreiben aus dem KZ weg. Hier war der Generalvikar in Münster gemeint, der Bruns einmal dazu bringen sollte, Versprechungen und Verpflichtungen einzuhalten. Nach Poethers Ansicht drückte sich Pfarrer Bruns mit schönen Worten davor zu zahlen, weil noch Schulden abzutragen waren, vielleicht für den 1936 errichteten Josephsaltar in der Kirche. Er legte Bruns den Satz in den Mund: „Wenn das Geld hier nur im Kasten scheppert, mit Schuldenmachen wird viel Geld verplempert." Um seine Gesundheit solle Papa sich keine Sorgen machen. Assoziativ lenkte er auf das Augenlicht von Heinrich Timpe, dessen linkes Auge an Sehkraft verloren hatte. Dabei konnte es sich nur um seinen „Onkel" Dr. Heinrich Timpe handeln, der ihm vor nicht ganz acht Jahren die Primizpredigt gehalten hatte, an den Bernhard Poether mit Anteilnahme dachte. Der Onkel war auf Druck der Nationalsozialisten als Direktor der katholischen Knabenschule in den Ruhestand getreten (1938) und im Schicksalsjahr Poethers wegen einer Predigt zum Borromäusverein von der Gestapo vorgeladen worden. Das Leiden des von den Schülern „Zeus" genannten Onkels erinnerte Poether an seinen „allgewaltigen" Direktor im Borromaeum, Dr. Melcher, der auf einem Auge mehr sah, als den Studenten lieb sein konnte.

In weiteren Briefen das Jahr über gratulierte er zu den Namens- und Geburtstagen von Vater und Schwester Maria, die im Juli 1940 noch nicht wusste, ob sie in Rheine angestellt werden würde. Poether erkundigte sich vor allem, was den Vater bewegen könnte, ob der Wein an der Nordwand der Sparkasse angegangen wäre, ihr Walmdach noch auf dem Gebäude säße und ob der schmucke Giebel des eigenen Hauses noch stünde. Die Eingrenzung durch einen Interessenweg könnte den Garten verkleinern und der neue Zementnachbar neben dem Garten der Poethers einen Ab- und Ausstellungsplatz seiner „unschönen Erzeugnisse" anlegen, weshalb er an Grundstückszukauf dachte. Auf ihren Garten legten Poethers besonderen Wert denn der Häftling malte sich besonders gern aus, wie er gestaltet war: Stein-, Obst- und Blumengarten. Vor allem wollte er seinen Vater ermutigen, dass er sich nicht unterkriegen lasse. Man müsse den Kopf hochhalten wie die Birke am Wintergarten und sich nicht hängenlassen wie die Trauerweide nebenan. Auf keinen Fall solle man sich das Weihnachtsfest verderben lassen wie im vergangenen Jahr, als Bernhard zum ersten Mal an diesem Tag nicht zu Hause sein konnte. Er hatte selbst auf die echte Westfalenkost nicht zu verzichten brauchen: Pumpernickel und Speck. Der letzte Brief aus Sachsenhausen (1. April 1941) war sehr kurz. Darin bedankte Poether sich für Karte, Brief und alle Geldsendungen und erinnerte mit dem Ostergruß, dass wir im Ostermonat unseren lieben verstorbenen Hermann (Bruder verstorben am 20. April 1937) nie vergessen.

Diese Schreiben sind im Telegrammstil verfasst und verraten mit keinem Wort, in welcher Lage der Schreiber war. Poether versicherte nur, dass er bei guter Gesundheit und auch bester Stimmung wäre. Das mochte, wie er selbst angab, an dem Erbe der Poethers liegen, die immer Optimisten wären, was dem Timpeschen Wirklichkeitssinn aber keinen Abbruch täte. Vom Leben der Häftlinge wurde in diesen Zeilen nichts geschildert. Einzig die aufgedruckte Lagerordnung zeigte, dass diese Grüße nicht aus einem Ferien-, sondern aus einem Zwangslager kamen. Wenn die Verbindung zur Familie aufrechterhalten werden sollte, musste der Schreiber einen unbekümmerten Eindruck abgeben. Der Wirklichkeit nahe war die Mitteilung Bernhards, dass er hinter der Slawistik einen Punkt gemacht habe. Nur wenn er meinte, beim Hiltruper Heimatpfarrer Otto Reddemann bald Kaplan werden zu können, und dass dieser sich die 100 Reichsmark Kostgeld für die Haus- und Tischgemeinschaft nicht würde entgehen lassen wollen, klang eher wie Galgenhumor.

Freund Klockenbusch fand einen Weg, um Poether aus dem KZ herauszuholen. Die unglaubliche Befreiungsgeschichte wurde nur vom Künstler, der die Primizkelche für die Neupriester Klockenbusch und Poether angefertigt hatte, Professor Hein Wimmer, berichtet. Wimmer hatte die beiden als Borromäer im Landesmuseum Münster auf einer Ausstellung „Kirchliche Kunst" (1928) kennengelernt. Er wurde zur Hauptperson des Dramas um die Befreiung Poethers aus seinem Verließ. Klockenbusch und Wimmer, der geistliche Studienreferendar in Burgsteinfurt und der bekannte Gold- und Silberschmied, trafen sich. Wie der Zufall will, arbeitete Wimmer über eine Studienbekanntschaft an einem Schmuck für die Frau des Stapoleiters in Düsseldorf, Dr. Nockemann. Die Familien hatten sich angefreundet, und Wimmer zeigte Bereitschaft zu helfen.

Zunächst wollte er den Hintergrund von Vater Poether über die Verhaftung seines Sohnes wissen. Er schrieb, so Wimmer, den Postmeister Poether in Hiltrup an. Der habe ihm mitgeteilt, was er von Bottrop wusste, und flehte Wimmer an, nicht etwa seinem Sohn im KZ zu schreiben. Bernhard dürfe nur einen Brief im Monat erhalten, und diese Möglichkeit, sich mit seinem Sohn austauschen zu können, wollte der Vater sich vorbehalten. Wimmer nahm Kontakt zu Dr. Nockemann auf. Er bat um eine Unterredung wegen einer wichtigen Privatangelegenheit. Die Begegnung fand in der Dienststelle Nockemanns im Düsseldorfer Regierungsgebäude statt.

Nach dieser Darstellung war der Einsatz Wimmers für einen ihm persönlich unbekannten Kaplan der privaten Sphäre entzogen und hatte einen gefährlichen, offiziellen Charakter angenommen. Wimmer will folgendes Bild von diesem Poether dem hohen Gestapobeamten abgegeben haben mit dem Ziel, dass dieser die Freisetzung Poethers bewirke. Dieser Kaplan Poether schwärme für orthodoxe Liturgie und sei offiziell vom Bischof für die Polenvereine im Ruhrgebiet bestellt worden. Für einige seiner von ihm betreuten Polen, die ins Bottroper Gefängnis geworfen waren, habe Poether sich eingesetzt, sei zur zuständigen SS-Stelle gegangen und von dort nicht mehr zurückgekehrt. Man sei völlig ratlos und wisse nicht, was ihm zur Last gelegt würde. Tatsache sei, er sitze schon seit Monaten in Oranienburg im KZ, ohne eine Anzeige, Anklage oder ein Gerichtsverfahren. Nockemann belehrte Wimmer in sachlicher Form, die das Bemühen Poethers um die Polen oder das Wimmers um Poether von vornherein unsinnig erscheinen ließ, dass der Einsatz für diese Menschen zwecklos sei und Bittsteller für solche Leute selbst gering und schäbig mache. Wer in den Augen der SS ein Staatsfeind sei, der habe keinen Anspruch zu leben. Wer sich für diese Verbrecher verwende, mache sich verdächtig. Vorstellungen der bürgerlichen Welt wie Mitleid seien doch längst überholt, Gerichtsverfahren gegen solche Menschen würden eingestellt. Allein zuständig für die Beurteilung von Deutschen sei die SS und ihre Entscheidungen seien unantastbar.

Weil die beiden Männer befreundet waren, und jeder seinen Standpunkt vorgetragen hatte, ohne das Gesicht zu verlieren, wollte Nockemann, vielleicht neugierig geworden, Wimmer das Vorgehen der unteren SS-Dienststellen einmal miterleben lassen. Er sollte hören, was die zuständige Dienststelle Dortmund zum Fall Poether zu sagen hatte. Wimmer wurde nun bedeutet, dass politische Verhaftungsfälle SS-intern und streng geheim wären. Er müsse sich absolut ruhig verhalten und davon nirgends auch nur ein Wort verlieren. Dann gab ihm Nockemann eine Hörmuschel zum Mithören. Dortmund gab dienstbeflissen Bericht. In Bottrop hätten sie polnische politische Hetzer festgenommen und kaltgestellt. Ein Pfaffe habe sich ausgerechnet für diese Verbrecher stark machen wollen. Er sei völlig unbotmäßig aufgetreten und hätte diese Staatsfeinde für gute und unschuldige Gemeindemitglieder erklärt. Der Dienststellenleiter habe überlegt, ob er diesen Kerl nicht einfach über den Haufen knallen sollte. Man habe ihn festgenommen und nach Oranienburg überstellt. Ende des Gespräches.

Niedergeschlagen erzählte Wimmer, wie ausgeglichen und ruhig Poether bei den Gesprächen über seinen Kelch gewesen sei. Das aufsässige Auftreten bei der Gestapo könne er sich nur so erklären, dass Poether einfach den einsitzenden Menschen habe helfen wollen. Fast väterlich hätte Nockemann nun noch einmal die Lage erläutert: „Was Du da nun wieder alles sagst: Im guten Glauben anderen helfen zu müssen, ruhiger, unpolitischer Mensch. Begreifst Du denn gar nicht: Einer ist für oder gegen unseren Staat. Wenn einer nicht dafür ist, dann ist er in hohem Maße verdächtig, also ein Verbrecher."

In diesem Augenblick war Wimmer in der gleichen Lage wie Poether, Bittsteller vor einem hohen SS-Dienstleister zu sein. Der Unterschied bestand darin, dass der Künstler keine Gemeinde um sich hatte, sondern in den Kreis der herrschenden Machthaber wegen der Schmucksachen Eingang gefunden hatte und zu gefallen wusste. Nockemann fasste zusammen: „Dein Kaplan Poether ist zuständigkeitshalber nach Oranienburg überwiesen worden. Es wird keine Anklage oder Verhandlungen mehr geben. Der Fall ist erledigt. Dort in Oranienburg wird er bleiben – bis an sein Ende. Es kümmert keinen!" – Alle Hoffnung dahin! Das NS-Regime machte nicht nur mundtot, sondern ließ Menschen einfach verschwinden. „Wir haben zu lange zugesehen", schrieb Klockenbusch später in sein Predigtkonzept zum Gedenken an Poether.

Das Regime ließ aber auch Menschen wieder auferstehen. „Editha", die Gattin Nockemanns, „und ich, wir schätzen Euch" (die Familie Wimmer). Darum werde er sich bei der nächsten Fahrt nach Oranienburg den Mann vorführen lassen und läge nichts Weiteres vor, könne dieser Mann von ihm aus freigelassen werden. Nach Darstellung Wimmers war er sehr vertrauenswürdig und ein Garant, dass Poether - freigelassen- keine Gefahr für den Staat bedeute. Nockemann hatte das Erforderliche aus Freundschaft zu Wimmer getan, um nicht selbst in Konflikt mit den Schergen der Staatsmacht zu kommen: er hatte Wimmer angehört, sich den Bericht von der zuständigen Dienststelle geben lassen, und nun wollte er sich im KZ Sachsenhausen den ahnungslosen Poether vorführen lassen. Derselbe Nockemann, der schon 1934 tätig war, um das öffentliche Auftreten konfessioneller Jugendverbände und deren Schrifttum zu verbieten, wie die von Poether in den Gladbecker Religionsstunden zitierte Zeitschrift „Am Scheideweg", sollte Poethers

Retter werden. Eine unglaubliche Geschichte, dass der Kelch des bitteren Todes an Poether vorbeigehen, und dass er den Kelch des Heils durch Wimmer würde noch einmal in die Hände nehmen dürfen. Nockemann fuhr nach Berlin, setzte sich selbst ans Steuer, seine schwangere Frau Editha auf dem Rücksitz und dann mit Gebraus auf die Autobahn. – Er kam nie an. Das erhoffte gute Ende für Poether lag zerschellt an Landehindernissen für Spionageflugzeuge auf der Autobahn. Frau Nockemann war tot, der unverletzte Ehemann meldete sich an die Front und verstarb schwer verwundet im Flugzeug auf dem Transport von Russland in das Heimatlazarett. Wimmer hörte von Poether erst nach dem Krieg wieder etwas, von dem KZ-Überlebenden Pastor Franz (nicht Josef) Doppelfeld in Neuß-Reuschenberg.

Vater Poethers Bemühen zeitigte ebenfalls keinen Erfolg. Er hatte eine Eingabe an die Parteizentrale am 25. Juni 1940 gemacht und um die Entlassung seines Sohnes aus der Schutzhaft gebeten. Schon bald erhielt er Antwort. Der Absender war: „Nationalsozialistische Deutsche Arbeiterpartei. Der Stellvertreter des Führers Stab. München, Braunes Haus am 16. Juli 1940". Dem Postmeister i. R. wurde kurz mitgeteilt, dass sein Schreiben zuständigkeitshalber weitergeleitet worden sei an den Sitz der Gestapo in Berlin in der berüchtigten Prinz-Albrecht-Straße Nr. 8. Dort würde die Eingabe erledigt werden. Und wirklich, Bernhard Poether wurde entlassen – nach Dachau am 10. April 1941. Hier endete offensichtlich die Geschichte, denn den Nachschlagewerken fehlt das Stichwort: Konzentrationslager.

KZ Dachau

Den tagelangen Transport von Oranienburg nach Dachau mit der Bahn über Halle, Weimar, Hof und Nürnberg legten die Häftlinge aneinandergekettet zurück. Poether lernte auf dieser Fahrt seinen künftigen „Spindkameraden" Kaplan Eduard Farwer kennen. Sie freundeten sich an und ertrugen so besser die Demütigung, die sie besonders am Morgen vom Gefängnis zum Bahnhof zur Weiterfahrt zu ertragen hatten. Das diensthabende Begleitpersonal kommandierte lauthals „die Pfaffen vor". Die Jugendlichen, die auf dem Weg zur Schule waren, ließen sich nicht entgehen, den seltsamen Gefangenenzug mit ihren klirrenden Ketten zu verspotten. Offensichtlich lernte Farwer von seinem Mitbruder Poether, die Schmähungen der aufgehetzten Schuljugend zu ertragen. Er stellte als erster Dachau überlebender Priester Poether ein Zeugnis aus, das ihn über alle Geistlichen erhob.

Das erste Konzentrationslager Deutschlands war das KZ Dachau, errichtet durch den kommissarischen Polizeipräsidenten Münchens, Heinrich Himmler, am 20. März 1933 in den Baracken auf dem Gelände einer ehemaligen Pulverfabrik am Rande des Dachauer Moores, ein 18.000 Hektar großes Niedermoorgebiet an der Amper. Dort entstand eine Zwangssiedlung in den Ausmaßen einer Großstadt mit 206.000 Männern, die bis 1945 dorthin verbracht wurden, wovon 41.500 umkamen. Durchschnittlich hausten 20.000 bis 30.000 Häftlinge im Lager, davon ungefähr 2700 Priester. Das Schutzhaftlager hatte eine Länge von rund 600 Metern und eine Breite von 250 Metern. Poether kam am 18. April 1941 in ein Priesterdorf. Dort wurden 2700 Geistliche aus 21 Nationen seit Ende 1940 aus allen Konzentrationslagern zusammengezogen. 441 davon waren reichsdeutsch, 38 aus der Diözese Münster, der größten KZ-Gruppe aus den deutschen Bistümern.

Poether ging in der Menschenmenge bei der Ankunft nicht einfach unter. Dafür sorgten schon das Empfangskommando und die militärische Abfertigung. Die Ankommenden wurden eingeübt in das Lagerleben auf dem Zugangsblock. 30 Baracken, genannt Blocks, nahmen die KZler auf. Ein Block umfasste 100 Meter mal 10 Meter und hatte vier Stuben. Jede Stube nahm 52 Häftlinge auf. Eine Stube teilte sich in Tag- und Nachtraum auf. Die Betten im Nachtraum waren dreigeschossig.

Die Blocks lagen zu beiden Seiten der Lagerstraße. Die Straßen zwischen den Blocks hießen Blockstraße. Poether kam auf Block 30. Es war einer von den drei Priesterblocks. Diese Blocks 26, 28 und 30, die „Pfaffenblocks", waren von den anderen abgezäunt. Poether fand keinen Bekannten unter den Insassen, denn die meisten in seinem Block waren polnische Priester. Drei von 38 dem Bistum Münster zugeschriebenen Priestern waren schon da. Aber Poether hatte keine Beziehung zu ihnen gehabt. Sie waren ihm unbekannt.

Der Diakon Leisner war seit dem 12. Dezember 1940 in Dachau. Am gleichen Tag war auch Pfarrer Gottfried Engels, der im Oldenburger Land wirkte, eingeliefert worden. Den dritten Münsteraner Priester in Dachau lernte Poether erst auf Block 26 kennen. Es war Hermann Scheipers, Kaplan in Hubertusburg, zugehörig zum Bistum Meißen. Die Lage in Dachau war unübersichtlich und verwirrend.

Zusammengefasst beschrieb die Postanschrift diesen neuen Lagerstandort so: „Poether, Bernhard, geb. am 01.01.1906, Gef.(angenen)-Nr. (Nummer) 24479, K(onzentrations-) L(ager) Dachau 3 K (Poststelle) (Block) 26/3 (Stube) 3."

Jeder Häftling trug ein Hemd, das 14-tägig gewechselt wurde, eine Unterhose, eine Hose, eine Joppe und eine Mütze. Die äußeren Kleidungsstücke waren blau-weiß gestreift. An den Füßen trugen die Gefangenen Holzpantinen mit einer Riemenlasche am großen Zeh. Strümpfe gab es erst ab Dezember. So ausgestattet hatte der KZler jede Individualität verloren. Er war zu einer Nummer geworden. Bernhard Poether trug in Dachau die neue Nummer 24479, die vom Häftling auf die Kleidung aufzunähen war. Dazu kam darunter der sog. Winkel, ein rotes Dreieck für die politischen Schutzhäftlinge. Die Geistlichen waren in dieser Kategorie eingestuft und konnten äußerlich nicht als katholische Priester erkannt werden. Sie bildeten mit Kommunisten und Atheisten und anderen Regimegegnern eine Gruppe, nur abgegrenzt von Kriminellen, Emigranten, Bibelforschern, Homosexuellen und Asozialen, die andere Farben bekamen.

Im September 1941 hieß es plötzlich beim Appell der Pfaffenblocks: „Reichsdeutsche nach rechts heraustreten." Die polnischen Priester wurden von dieser Zeit an von den Reichsdeutschen separiert, d.h. von der deutschen Baracke Block 26 durch einen Drahtzaun getrennt. Der Umgang mit ihnen war verboten. Erst jetzt lernten sich die beiden Priester aus Westfalen kennen. Vielleicht hatte Scheipers den stillen, älteren Bernhard für einen Polen gehalten, der beim einzigen Gottesdienst der Pfaffen in Dachau so kräftig mitsingen und mitbeten konnte. Bis zu der Trennung von den Deutschen wurde der Gottesdienst auf polnische Weise gehalten; denn es waren schon über 1200 polnische Priester im Pfaffenblock gegenüber nur 200 anderer Nationalitäten. Den Gottesdienst zelebrierte der polnische Lagerkaplan Paul Prabutzki. Das Lagerleben zwischen dem deutschen Klerus und dem polnischen war nicht unbefangen und frei von Spannungen.

Jetzt nach der Trennung von den polnischen Priestern trafen sich die beiden Westfalen, die wegen ihres Einsatzes für die Polen ins KZ gekommen waren. Scheipers war festgenommen worden, weil er in der sächsischen Diaspora polnische Zwangsarbeiter nach Kriegsausbruch besucht und mit ihnen Messe gefeiert hatte, ohne ihre Sprache zu verstehen. Im Block 30 hatte er versucht, die Sprache bei seinen polnischen Mitbrüdern im Priesteramt zu erlernen. Er gab auf. Er kam weder mit der Sprache noch mit der polnischen Mentalität zurecht. In Poether fand er den einzigen deutschen Priester, der wegen der Seelsorge bei den sogenannten Ruhrpolen verhaftet worden war. Er beherrschte die Sprache und erzählte vom Studium in Krakau, der Seelsorge in Ciecina, dem Umgang mit den kirchentreuen Katholiken in Bottrop und im Ruhrpott, die selig waren, wenn sie einen Priester fanden, der ihre Sprache sprach, die sie, wie ihren Glauben und ihre Art fromm zu sein, aus ihrer alten Heimat vor langer Zeit mitgebracht und in ihrem Herzen und Leben bewahrt hatten. Scheipers war erstaunt über die sprachlichen Fähigkeiten Poethers und über seinen Gleichmut, wegen der Beauftragung des Bischofs zur „Polenseelsorge" nun der Freiheit beraubt zu sein. Erstaunt war Scheipers wohl auch, dass Poether sein Herz an seine Polen verloren hatte, sodass er sich bis zum äußersten für seine „Pfarrkinder" einsetzte. – Sie kamen frei, er wurde inhaftiert.

Poether war der einzige von den polnisch sprechenden Geistlichen im Bistum, der wegen Seelsorge an den Ruhrpolen verhaftet wurde. Andere waren im Krieg wegen ihrer Predigten oder sichtbaren Tätigkeiten an den kriegsgefangenen polnischen Zivilarbeitern festgenommen worden, wie Scheipers. Er gab zu Protokoll, dass beide, Poether und er, sich gefühlt hätten „als Märtyrer für die Seelsorge an Ausländern". Poether hatte nicht nur Scheipers erst im KZ von den unter Polen wirkenden Seelsorgern des Bistums kennen gelernt. Anders war dies bei Kaplan Bornefeld. Als dieser 1944 nach Dachau kam, erwarteten ihn schon Bekannte aus der Polenseelsorge wie der Rektor Josef von Styp-Rekowsky und empfingen ihn, etwas verwundert über sein spätes Eintreffen, mit den Worten: „Wir haben dich schon lange erwartet." Wenn Poether Bornefeld noch erlebt hätte, wären zwei Priester zusammengetroffen, die beide in derselben Pfarrei St. Josef in Bottrop gewirkt hatten und unter den Ruhrpolen tätig gewesen waren. Beide hatten Methodius und Kyrill zu persönlichen Schutzheiligen erwählt. Bei Bornefeld waren sie sichtbar auf einer Vereinsfahne, bei Poether auf seinem Primizkelch. Unterschiedlicher konnten die beiden Priester nicht sein. Der fast stille, kaum wahrnehmbare Poether und der umtriebige Organisator Bornefeld, der ein eigenes mährisches Gesangbuch eingeführt hatte. Aber merkwürdigerweise wurde er deswegen nicht belangt, sondern nur, weil er sich in der Schule das Wort „Tor" (Nur der Tor spricht in seinem Herzen: Es gibt keinen Gott) erklären ließ.

Pfarrer Helmus, aus dessen Pfarrei die Polen kamen, die den Anlass für Poethers Leidensweg gaben, traf ihn nicht mehr lebend an. Aber Pfarrer Helmus wurde nicht seine Beauftragung für die Polenseelsorge zum Verhängnis, sondern seine launige Bemerkung vor Frauen in der männerleeren Kirche wegen einer Sonderschnapsration im Kohlenrevier. Bekannte Polenseelsorger, mit denen Poether „draußen" zu tun hatte, wie die Kapläne Dolata oder Oslislo, waren vom Generalvikariat aus der Schusslinie genommen und an die Front versetzt worden. Poether war vielleicht vergessen worden. Außerdem wirkten seine beiden Pfarrer Issel und Bruns nahezu konfliktfrei mit den verschiedenen weltlichen Behörden, und nach der Schulaffäre in Gladbeck würde Poether in Bottrop wohl Ruhe geben, dachte vielleicht die Bischöfliche Behörde. Es kam anders. Die Ruhrpolenseelsorge wurde sein Verderben. Aus den Erzählungen von Pfarrer Scheipers schien Poether ihm soviel von den Polen in Krakau und Bottrop berichtet zu haben, dass er entweder von nichts anderem redete oder besonders begeistert, dass es im Gedächtnis des überlebenden Blockgenossen haften geblieben war. Von seiner früheren Tätigkeit in den Pfarreien oder seinem Weg zum Priestertum hat er weiter nichts erzählt.

Scheipers gab die Tischverteilung auf dem Block 26 Stube 3 so an: am 1. Tisch saßen Karl Leisner und der Jesuitenpater Otto Pies, am 3. Tisch habe er gesessen. Er konnte sich aber nicht mehr erinnern, wo Poether geblieben war. Pfarrer Engels, Diakon Karl Leisner und Kaplan Bernhard Poether waren die ersten Geistlichen aus dem Bistum Münster im KZ Dachau, und doch kannten sie sich nicht und lernten sich auch dort zunächst nicht kennen.

In seinem Brief vom 16. Mai 1942 ließ Bernhard seinen Vater von Mathias Mertens grüßen. Er war mit Poether am selben Tag geweiht worden und kam auf Stube 2. Aber seit ihrem Studium hatten sich ihre Wege getrennt. Mertens kam vom Niederrhein und war dort Dekanatspräses des Jungmännerverbandes geworden. Scheipers, Mertens und Poether arbeiteten auf der um 80 Hektar großen Plantage, die sich an das Lager anschloss. Sie war als Heil- und Kräuterkultur angelegt worden unter der offiziellen Bezeichnung: „Deutsche Versuchsanstalt für Ernährung und Verpflegung." Dort arbeiteten bis zu 1000 Häftlinge in Arbeitsgruppen von etwa 30 Priestern.

Poether war rechtzeitig in Dachau eingetroffen, als die „Pfaffen" aus wirtschaftlichen Gründen zur Arbeit herangezogen wurden. Das frühlingshafte Wetter brachte den Plantagenarbeitern zweierlei: dünne Sommerkleidung und Hunger. In seinem ersten Brief aus Dachau an seine „Lieben" (Vater, Verwandte, Freunde) schrieb ihr „Bernhard", „der Frühling scheint im Oberland später einzuziehen". Er hoffte, etwas „Naturbräune", wie sie „Papa" schon hätte, auch bald zu bekommen. Dahinter verbirgt sich ein nasskalter, regenreicher Mai im Jahr 1941. Die Kleidung war durchnässt und konnte über Nacht nicht trocknen. Schon im zweiten Brief des 14-tägigen erlaubten Briefturnus an die Familie bedankte Poether sich für „Deine Geldsendungen", die er nötig brauchte; denn die Nahrungszuteilung war nicht hinreichend für einen ausgewachsenen Mann bei ganztägiger Arbeit draußen auf dem Feld. Morgens bekam jeder Häftling Ersatzkaffee und ¼ Brot (ca. 250 g) und Steckrübensuppe mittags. Für die Pfaffen entfiel die so genannte mittägliche Brotzeit (130 g Brot und 30 g Wurst oder Margarine). Deswegen konnte Poether Geld „gut" gebrauchen. So konnte man etwas kaufen.

Scheipers erinnerte sich, dass durch die Hungerration der Tod der Priester, die auf der Plantage arbeiteten, unabwendbar war. Als Verpflegungssatz für einen Häftling waren pro Tag 30 Pfennig angesetzt. Von den monatlichen 30 RM hätte man in der Kantine außer Zigaretten auch Lebensmittel kaufen können. Aber nur gelegentlich wurde etwas angeboten. 1942 gab es „einmal eingelegte Rote Beete" und ein anderes Mal „ekelhafte Muscheln" zu kaufen. Er meinte, dass diese „ungewohnten Speisen" bei manch einem der Häftlinge zum Tode geführt hätten, wie etwa bei Bernhard Poether. Dieser hat sich für die Geldsendungen öfter bedankt. Was er damit gemacht hatte, teilte er in den Briefen nicht mit. Einmal erwähnte er, in der Zeitung von den Schäden in Münster gelesen zu haben. Pakete hatte Poether wohl keine erhalten, es sei denn, er hätte solche empfangen, und dann pflichtschuldig wie Kaplan Sonnenschein am 30. November pro forma geschrieben: „Es ist nicht gestattet, Pakete oder Päckchen zu empfangen. Schickt daher keine Pakete oder Päckchen. Sie werden ungeöffnet zurückgesandt. Weihnachtspäckchen wären heuer auch nicht zugelassen."

Erst nach Poethers Tod wurde allgemeine Erlaubnis erteilt, Pakete zu empfangen. Kaplan Sonnenschein von Stube vier meinte, dass besonders Münsteraner Priester viele und inhaltsreiche Päckchen erhalten hätten, weil sie oft in rein katholischen Gemeinden tätig gewesen waren. Von den sieben Priestern aus dem Kreis Steinfurt überlebten alle bis auf einen das KZ Dachau. Es war Alfons Mersmann aus Greven. Alle hatten, bis auf Pfarrer Sonnenschein, das Gymnasium Dionysianum in Rheine besucht.

Das große Sterben im Lager Dachau grassierte im Juni/August 1942. Pater Lenz notierte sechs Priester aus dem Bistum Münster auf seiner Totenliste, darunter die beiden Weltpriester Bernhard Poether und Gerhard Storm. Die Briefe Poethers ließen nichts von den mörderischen Verhältnissen ahnen, denen die Häftlinge täglich ausgesetzt waren. Eine paradiesische Ruhe wie im Garten Eden gab er vor, wo man sich bester Gesundheit erfreute. In Eile war er nur gekommen, weil der Brief von der Familie noch nicht angekommen war. So könne er nichts Neues vom Lager vermelden. Schlechtes gäbe es ohnehin nicht, eher das Gegenteil. Die Aussage als doppelte Negation war die Wirklichkeit.

Eine ständige Hetze: Die Lagerinsassen wurden unter Zeitdruck gehalten, sodass sie in manchen Phasen nicht zur Besinnung oder zu einem Gespräch miteinander kamen. Um 4 Uhr morgens aufstehen, waschen, Brot fassen, Betten bauen, 4.30 Uhr Messe für den, der wollte, 5.15 Uhr Morgenappell, gewöhnliche Dauer von einer Stunde. Dann Abmarsch auf die Plantage. Auf den Appellplatz mussten die Toten mitgeschleppt werden, damit der Häftlingsstand stimmte. Die Strafe für vom SS-Blockführer durchgeführte Spind- und Bettenkontrolle war so drakonisch, dass manche ihr Frühstück nicht zu sich nahmen, um ja die persönlichen Gebrauchsgegenstände in einem makellosen und wie neuem Zustand rechtzeitig für die Inspektion präpariert zu haben. Nachdem die Strafaktionen an den Schuldigen vollzogen waren, Auspeitschen, Stockhiebe usw., folgte der Abmarsch zur Plantage. Auf dem Weg dorthin mussten Lieder gesungen werden. Ein schreckliches Bardengeheul aus den ausgemergelten, frierenden Körpern erscholl. Poether wurde an seine Jugendzeit erinnert, und es mochte den wilden Gesellen „in Lumpen und Loden [...] ehrlos bis unter den Boden" mehr als entzaubert haben. Wahrhaftig war nur, dass die „helfende Hand so selten, so selten" geworden war.

Bei dem richtigen Wetter konnten die abendlichen Heimkehrer von der Plantage in der Abendsonne die goldenen Türme der Münchener Frauenkirche sehen und bei günstigem Wind stach ihnen der Leichenbrand vom Krematorium in die Nase. Dachau war kein Vernichtungslager. Die zu Grunde gerichteten Häftlinge auf den Kranken- und Versuchsstationen wurden auf sogenannten Invalidentransporten nach Hartheim beim österreichischen Linz zur Vergasung gebracht. Dieses Schicksal hatte bis zum August 1942 320 Geistliche getroffen. Den unerklärlichen Stopp, reichsdeutsche Geistliche nicht mehr zu vergasen, führte Scheipers auf den Einsatz seiner Schwester Anna zurück.

Das KZ Dachau brachte viele Menschen um. Die Arbeit auf der Plantage war hart. Acht Stunden hätten für einen gesunden und hinreichend ernährten Arbeiter schon zur Erschöpfung seiner Kräfte geführt. Der 30-jährige Kaplan Sonnenschein sah den Tod als ständigen Begleiter. Morgens beim Erwachen lag ein Toter nebenan, abends wurden Tote zum Appell mitgebracht. Mitten im Leben vom Tod umgeben! Sonnenschein betete: „Lieber Gott, lass mich bald sterben."

Der Staatssekretär im Auswärtigen Amt, Ernst Freiherr von Weizsäcker, teilte Nuntius Orsenigo nach Verhandlungen über die Lage der Priester im KZ Dachau u. a. mit: „Von der Einäscherung der Leichen der im Konzentrationslager verstorbenen Geistlichen kann [...] aus grundsätzlichen Erwägungen nicht abgesehen werden." Eingangs wurde dem KZler bei seiner Ankunft schon mitgeteilt, dass er diese Schutzhaft nur durch den Schornstein verlassen werde. Der Kommandant machte dem Eingelieferten klar, dass dieser von der Volksgemeinschaft ausgestoßen und ehrlos, wehrlos und rechtlos nur noch Verfügungsmaterial darstelle.

Bei einer solchen grundsätzlichen Einstellung konnte die Schar der Festgesetzten nur schreien: „Es zittern die morschen Knochen [...]" Aber Deutschland hatte die Schreie nicht gehört. Die Kirche hatte mit dem Reichskonkordat dem NS-Staat einen Schild an die Hand gegeben, unter dessen Schutz alle Abmachungen zum bloßen Schein wurden, und die größte Unterdrückung christlichen Glaubensbekenntnisses feierte satanische Triumphe. Darüber könnte man den Verstand verlieren! Einige Priester waren so ermattet, dass ihnen die gewohnten Gebete nicht mehr einfielen. Aber sie marschierten weiter und sangen: „Weit ist der Weg zurück ins Heimatland, ja weit." Poether erzählte in seinen KZ-Zeilen vom frischen „Grün der Pappeln", das ihn in der Frühlingsluft an die Heimat erinnerte (am 1. Juni 1941). Er marschierte auf der Lagerstraße, einer Pappelallee zum Liebhof, ein SS-Gut, das hinter der Plantage lag. Dort arbeitete Poether mit Scheipers zusammen.

Da dort keine Maschinen eingesetzt wurden, musste Menschenkraft Pflug, Walze, Egge und Mähmaschine ersetzen. Poether, der auffällig häufig seinen guten Gesundheitszustand pries und noch nicht einmal Schnupfen bekommen hätte, schwindelte seinem Vater etwas vor. Wusste dieser doch um die labile körperliche Verfassung seines Sohnes. Bernhard gaukelte „Papa" eine Naturromantik in einer Pension vor und nicht die Hölle eines nackten Überlebenskampfes, zuletzt auf dem SS-Mustergut Liebhof. Poether war in elender, todkranker Verfassung, als er schrieb: „Gesund und alles in Ordnung." Er hatte Durchfall, und deswegen hatte er es immer eilig. Den Brief schrieb er auch „in Eile". Auf dem Rückmarsch vom Gut, sie mochten gerade die befohlene beliebte Singweise „Hoch auf dem gelben Wagen" gekrächzt haben, brach er in einer Linkskurve aus dem äußersten Glied der Hundertschaft aus, sprang in den Graben, um seine Notdurft zu verrichten, und blitzschnell, als wäre nichts geschehen, sich wieder neben seinem Priesterkameraden Scheipers einzureihen und erleichtert weiterzusingen „ [...] aber der Magen, der grollt". Scheipers hielt das Ausscheren aus dem Trupp für hellen Wahnsinn. Die wachhabende SS-Begleitung mit Hund hätte bei Entdeckung des Grabensprunges Poether sofort wegen vermuteten Fluchtversuchs über den Haufen schießen oder den geschwächten Freund zu Tode prügeln können. Poether hatte sich mit Zeitungen für seinen Durchmarsch ausgestopft und die für einen Augenblick vom Wachposten nicht zu übersehende Kurve genutzt. Kranksein war tödlich. Arbeitsunfähige fuhren unmittelbar mit dem Invalidentransport nach Hartheim. So hielt Poether lieber aus. Er hatte nach Hause geschrieben, was in dem Garten Dachaus alles blühte, und ob Vater Poether in Hiltrup die Blumen gut studierte und die Pflanzen in Schuss hielte. Er zählte Blumen auf wie Löwenzahn, Hirtentäschel, Hahnenfuß, Steinbrecharten und Polstergewächse. Später kommen noch Nelken und Jasmin dazu. Capo Walter Schneider zwang zur Blütezeit auch sonntags Königskerze, Malve, Kamille, Kornblumen, Ringelblumen usw. zu pflücken. Der sterbenskranke Poether bat: „Hilf mir, Pater Lenz, dass wir viele Blüten zusammenbringen, sonst schickt mich der Capo Schneider ins Freiland, und das ist mein Tod."

Die Capos waren so genannte Funktionshäftlinge, die den Arbeitstrupps vorstanden und selbst einen Sonderstatus genossen, unter anderem nicht arbeiten zu müssen. Den Geistlichen wurden meist „Pfaffenfresser" vorgesetzt, die oft Kommunisten waren, später wurden auch Geistliche in solche Kommandofunktionen eingesetzt. Sie überlebten das KZ. Poether bekam weder ein Kommando, noch eine leichte Arbeit. Außerdem wurden für die Geistlichen immer neue Sonderarbeiten von den Capos erfunden. Sonntags war eigentlich arbeitsfrei. Trotzdem mussten die Geistlichen Kohle schleppen, Schnee schaufeln oder die Essenskübel von der Küche zu den Blocks bringen. Dekan Styp-Rekowski musste mit Poether viele Male die schweren Esskübel zum Pfarrerblock schleppen. Sie selbst kamen deswegen kaum zum Essen, zu kurz war die Zeit bemessen. Die Essenskübel bestanden aus Blei, wogen leer ca. 50 kg, gefüllt schätzungsweise zwei Zentner. Die Tragegriffe für die zwei geistlichen Träger waren heiß. Kamen sie wegen ihrer Holzlatschen ins Stolpern und stürzten, verbrühten sie sich mit der vergossenen Suppe, und der Block blieb ohne das heiße Lebensmittel. Als Poether unter dieser Last zusammenbrach, hielt sich die Trauer um ihn wegen der entgangenen Mittagsration bei den hungernden Mitbrüdern in Grenzen. Poethers Kreuzweg war die Lagerstraße in Dachau als Träger des Suppenkübels für die hungernden Mitbrüder.

Poethers Familie in Hiltrup war ahnungslos. Der Gesundheitszustand von Bernhard war äußerst schlecht. Er war dauernd erkältet, wenn er auch das Gegenteil ständig suggerierte: „Weder Erkältung noch Schnupfen. Trotz alledem." Zu Weihnachten schrieb er: „Ich selbst habe hinsichtlich meines Befindens nur allen Grund, dem Herrgott dankbar zu sein. Ich freue mich darüber und hoffe, damit auch Euch eine Freude zu machen." Der Mann fror bitterlich, hungerte und wog bei einer Größe von 1,80 m zuletzt 44 kg. Aber Poether lenkte immer wieder geschickt von seinen miserablen Umständen im Lager ab und zum heimatlichen Geschehen hin. Er nahm Anteil am Wirken seiner Schwester Maria als Pfarrgemeindehelferin in Cuxhaven. Er erinnerte seinen Vater an den Garten und die gemeinsame Gartenarbeit. Neben dem Garten war das Elternhaus immer gemeinsames Gesprächsthema. So fragte er nach über den Hypothekenstand auf dem Haus und freute sich, dass die Winterschäden an Heizung und Wasserleitung behoben waren.

Er meinte am 21. Februar 1942, dass er einen Ausgleich für seinen fast zweijährigen Gehaltsausfall bekommen und man davon einen Teil der Schulden abtragen könne. Die restlichen Gelder aus seiner letzten Dienstzeit als Kaplan in St. Josef in Bottrop waren wohl ausgezahlt und schon für das elterliche Haus verwendet worden.

Mit seiner Inhaftierung wurde Poether von der bischöflichen Behörde unter der Rubrik „beurlaubt" geführt und eine Gehaltszahlung wurde eingestellt, d. h. die Familie unterstützte ihren Priestersohn mit ihren Geldzuwendungen wie schon zur Ausbildungszeit. In den ersten priesterlichen Jahren hatte der junge Kaplan für Möblierung seiner Wohnung, Kleidung und Bücher ebenso die finanzielle Zuwendung seiner Familie, vor allem vom Vater und Bruder Hermann, benötigt. Die Wunschliste seiner geliebten Bücher aus Dachau war nicht eben kurz. Es waren Bücher, die zu einem geistlichen Leben dazugehören. Zuerst stand ein Brevier oben auf der Liste. Seit jenem Tag in Bottrop, als er morgens aus dem Pfarrhaus herausgeholt wurde, um ins Gefängnis geworfen zu werden, hatte er keine Messe mehr gelesen, seit Sachsenhausen kein Buch mehr gesehen, kein Brevier mehr gebetet. Sein geistlicher Freund, Ludwig Klockenbusch, der Studienreferendar in Burgsteinfurt, hatte schon einen Vorschlag für ein Brevier zu Hause abgeliefert. Aber Poether hatte zu dem Zeitpunkt schon ein anderes zur Verfügung. Die Firma Pustet in Regensburg hatte dem Priesterblock einige zugestellt. Vom Ordinariat Breslau waren im Mai 1941 ebenfalls 120 Breviere zu je vier Bänden überstellt worden. Die verquere Briefschreibe wurde bei der Brevierversorgung deutlich. Seiner Bitte, kein eigenes Brevier für ihn zu besorgen, und dass „die kleine Kepplerbibel [...] noch sehr gut" sei, folgte prompt 14 Tage später der Dank und die Nachricht, dass beide „heil" angekommen seien. Sein Durst nach geistlichem

Leben war unersättlich. Als nächstes wollte er das Deutsche Brevier und einen Schott. Mit dem Schott in der Hand konnte er wenigstens die Messe in der seit Januar 1941 im Priesterblock 26 auf Stube 1 eingerichteten Kapelle verfolgen. Der Kapellenraum maß 20 m in der Länge, 9,75 m in der Breite und 3 m in der Höhe. Diese Kapelle hatte 16 Fenster, die bemalt waren, damit man von außen nicht hineinsehen sollte. Das rote Kreuz jedes Fensters leuchtete weithin einladend. Der Zutritt in die Priesterkapelle war allerdings jedem Laien verboten, ab 21. September 1941 den polnischen Priestern ebenfalls. Der deutsche Priesterblock mit der Kapelle war ein eingezäunter Inselbezirk.

Christus in Dachau: Auf einem Lagertisch aus der Wohnstube, in einem Marmeladeneimer (Tabernakel), in einer Monstranz mit Strahlen aus gelblichem Fischdosenblech. Die Altargeräte für die Zeremonien des Messopfers standen auf zwei SS-Betttüchern mit dem SS-Stempel. Zwei Messkoffer vom polnischen Militärbischof – so empfand ein Priesterhäftling die gesamte Art der Liturgie – ermöglichten wenigstens die wichtigsten Ritualvorschriften einzuhalten.

Für die Teilnahme an den einzigen Messfeiern im KZ mussten die Geistlichen früh aufstehen. Denn nur vor dem Morgenappell durfte der ernannte Lagerkaplan den Gottesdienst feiern. Poether und Scheipers waren bei dem Gottesdienst immer dabei. Das hob Scheipers mit gutem Grund hervor. Viele waren einfach zu kaputt, um noch die Messe zu überstehen. Andere fürchteten Sonderrepressalien, wenn sie an der Messe teilnähmen, wie etwa durch die Spind- und Bettenkontrolle. Manchmal gingen nur fünf aus der Stube zur Kapelle unter demselben Dach, nämlich Block 26. Da keine anderen Personen, außer aus diesem Block, die Messe mitfeiern durften, musste am Eingang eine Kontrolle durchgeführt werden. Die kontrollierenden Priester fungierten wie Ostiarier und fühlten sich an die niederen Weihen (minores) vor dem Subdiakonat erinnert. Nur hatten ursprünglich die Ostiarier die Aufgabe, Spitzeln oder Ungläubigen den Zutritt zum Gottesdienstraum zu verweigern. Sie hätten demnach den SS-Kommandos und nicht den Gläubigen oder den polnischen Priestern nebenan aus den Blocks 28 und 30 den Zutritt verwehren müssen. Das Verhalten der SS war bar jeder Ehrfurcht vor etwas Heiligem, und die Priester waren dieser Art roher Blasphemie und protzender Gottlosigkeit nicht gewachsen. Sie kannten bislang, dass Ungläubige heiligen Zeiten, heiligen Räumen und heiligen Bräuchen fernblieben. Aber die SS-Männer kamen einfach in die Kapelle während der heiligen Handlung in knallendem Stiefelschritt herein, Zigarre rauchend und irgendein Kommando brüllend. Dieses unwürdige Verhalten hatte den Pfarrer von Dachau, Friedrich Pflanzelt, in den Anfängen des Lagers 1933 gezwungen, den Gottesdienst dort einzustellen. Durfte man unter solchen Umständen überhaupt das Opfer Christi an diesem Altar begehen? War die Wiederholung der Golgotha-Szene erlaubt und in den Sakralraum einzubeziehen? Die liturgische Form der verkürzten Messe und die Art des Kommunionempfangs der Priester standen in keinem Lehrbuch und wurden in Dachau aus Zeitersparnis in neuer Form zelebriert. „Jeder nahm an der Tür eine unkonsekrierte Hostie und hielt sie in der Messe vor sich hin. Bei der Wandlung konsekrierte der Zelebrans vom Altar aus alle Hostien in unserer

Hand [...] Jeder reichte sich selber das Brot des Lebens." Man sparte die Zeit des Kommunionausteilens und umging so die Form der Konzelebration.

Für den lockeren Umgang mit den widrigen Umständen im Gottesdienst spotteten manche bitter, namentlich über zwei aus der Jugendbewegung kommende Geistliche, die mit Poether bekannt waren:

„Ohne Scheipers sieht man Rodach, ohne Rodach Scheipers nie,
denn sie beide sind Vertreter einer eigenen Liturgie.
Morgens früher aus den Betten, abends ganz zum Schluss hinein,
das scheint eines der Prinzipien ihres Tageslaufes zu sein.
Bene(dikt) Rodach wird ganz sicher ein zum Sterben kranker Mann,
wenn nicht mindestens dreimal täglich aus der Reih er tanzen kann.
Wollen hoffen wir und wünschen, dass der spleenige Mainzer Sohn
avanciert nicht als Präfekt der Ritenkommission."

Hinter dem Altar stand auf einem Spruchband der Lob- und Bittgesang: „Gloria in excelsis Deo" (Ehre sei Gott in der Höhe), zuerst überliefert im Codex Alexandrinus (5. Jahrhundert). Poether war bei seiner Sendungsgeschichte, damals im Londoner Museum, angekommen, hinaus in alle Welt, zu den Russen, nach Polen zu gehen. Der erste, polnische Lagerkaplan und die mehrheitlich polnischen Priester sangen im Gottesdienst ihre eigenen Lieder. Wieder war Poether mit Polen gefangen, aber diesmal nicht wegen der Polen. Kurz war die mitbrüderliche Verbindung mit den polnischen Priestern in Block 30/2. Zunächst durften nicht mehr polnische Lieder gesungen werden, dann wurden die Polen von den Deutschen abgezäunt. Bitter hörten die Polen nun die reichsdeutschen Priester jeden Morgen als einzige die Messe feiern. Sie waren als Priester und Polen eingesperrt und vergaßen, dass die deutschen Priester in ihrem eigenen Land die Wahl hatten, im KZ oder an der Front ihr Leben zu verlieren, wenn sie aus einer Laune heraus in die Schusslinie der Gestapo geraten waren. Im eigenen Land, im eigenen Volk Feind zu sein, allein um des Glaubens willen, das war und ist Martyrium. Durch Wort und Tat Zeugnis für die Frohe Botschaft Christi abgelegt zu haben, das befähigte die Priester am Altar zu stehen (siehe Primizkelch Poethers), in der täglichen Präfation Dank zu sagen und die eigenen Bitten „mit auf die Opferpatene" zu legen. Vor dem Altar stand nach der Trennung von den Polen in Gestalt der personifizierten Ohnmacht der Zelebrans. Zur Zeit Poethers war Dr. Franz Ohnmacht der Kapellen- und Lagerkaplan. Nur ihm war erlaubt zu zelebrieren. Die anderen Priester standen dicht an dicht dahinter. Über die Kapelle schrieb Poether nur, dass der Tannenbaum, den man Weihnachten dort aufgestellt hatte, schon nadeln würde.

Bis zu seinem letzten Brief schrieb Poether, täglich im Gebet die Anliegen vor Gott zu tragen und wusste sich verbunden mit seiner Schwester Maria. Er begleitete sie in Gedanken in die Kirche und zum Unterricht als Gemeindeschwester. Er begleitete seinen Vater „auf den lieben Pfaden der Heimat zur Kirche" und vergaß die Namenstage von Schwester und Vater, die beiden noch Lebenden aus der

Familie Poether in Hiltrup, nicht. Hätten die Briefe nicht die Datierung von Jahr und Tag, könnte man sich zeitlich an den erwähnten kirchlichen Feiertagen orientieren. „Inbrünstig", schrieb er, beten wir in diesen Tagen die alten Pfingstgebete: „O komm du heiliger Gottesgeist." In den Schlafstuben wurde ein gemeinsames Abendgebet mit Ansprache, Worte zur Nacht, gepflegt. Vielleicht meinte Poether diese fromme Übung, wenn er vom „täglichen Gemeinschaftsgebet für die abwesenden Brüder" sprach. Man traf sich auch zur gemeinsamen Aussprache in verschiedenen Kreisen. Der Münsteraner Kreis auf Stube 3 hatte immerhin eine Bindekraft, dass sich die Teilnehmer untereinander versprachen, sie wollten sich, wenn sie heil aus dem Lager herauskommen sollten, zum 40-stündigen Gebet bei Pfarrer Reukes in Gronau treffen. Bernhard Poether wurde nicht eigens genannt. Eine Nachricht zeigte an, er habe Kontakt zum Schönstattkreis gehabt. Der Kreis fand auf Stube 2 unter Pater Kentenich zusammen. Dieser soll auf Widerspruch gestoßen sein und deswegen nur einen Vortrag gehalten haben. Es könnte sein, dass Poether als Interessent zum Kreis gestoßen war; denn sein Onkel Georg Timpe hatte den Gymnasiasten Kentenich kennengelernt und bedauerte die Entwicklung in seinem Pallottinerorden, die Abzweigung der Schönstattbewegung. Poethers Schwester Maria vermachte später Hab, Haus und Gut mit allen Sachen ihres Bruders den Schönstättern, und davon ist nichts Persönliches mehr vorhanden.

Ab Juli 1942 begann das große Sterben in Dachau. Die Häftlinge verhungerten – fünf von acht Münsteraner Priestern. Die Morgenmessen entfielen. Die Priester waren vor Entkräftung nicht mehr fähig, die Messe durchzustehen. Am arbeitsfreien Sonntag wurde die Totenmesse gehalten, während die noch Lebenden vor

Krematorium des KZ Dachau.

dem Altar lagen, wie beim Weiheritus zum Priestertum. Geweiht zum Tod im „Martyrium ohne Auftrag". Poether hatte seit einiger Zeit Ruhr, hustete und verschwand öfter „in Eile". Er schleppte sich zur Arbeit. Wollte aus Angst nicht auf das Krankenrevier, weil er von dort auf den Vergasungstransport nach Hartheim hätte verladen werden können. Scheipers ließ sich aufs Revier bringen und kam durch. Poether aber hatte sich, vom Hunger gequält, aus der Kantine ein Essiggemüse gekauft, das aus alten Heeresbeständen kam. Die Folgen waren fürchterlich. Die ganze Nacht kam er kaum vom Abort herunter. Morgens am 5. August nach dem Appell lief er noch zum Waschraum, um seine Kleidung zu säubern. Ihm wurde übel, hohläugig legte er sich in der Baracke über einen Tisch und fiel in Ohnmacht. Nun schleppten ihn sein Freund und Spindkamerad Vikar Eduard Farwer und Kaplan Rodach unter Einsatz ihrer letzten Kräfte zum Revier. Der flinke Liturge Rodach verlor in dieser Lage, wo ihm selbst vor Erschöpfung die Sinne zu schwinden drohten, nicht die Übersicht. Er tröstete den Lebenshinfälligen, indem er ihm die Absolutionsformel ins Ohr flüsterte: „Ich spreche dich frei von allen deinen Sünden." Dies geschah am 5. August 1942 morgens zwischen 8 und 9 Uhr.

In Hiltrup war Vater Poether ahnungslos vom Ableben seines Sohnes bis zum 11. August. Die letzte Nachricht von Bernhard hatte er unter dem 25. Juli erhalten. Einmal war der 14-tägige Briefrhythmus unterbrochen zwischen dem 16. Mai und dem 14. Juni. Dennoch war der Vater trotz der beruhigenden Zeilen in Sorge. Wie immer lautete die Anrede „Ihr Lieben", aus priesterlicher Gewohnheit vielleicht. Die Mitbrüder schrieben sich gewöhnlich mit „Carissime" (Lieber) an. Er bat um kein Geld mehr, nur um ein Taschentuch. Ein Taschentuch war der zuletzt geäußerte Wunsch an seinen Vater!

Es war ein arbeitsfreier Sonntag, der 25. Juli. „Ihr Lieben! Eine unerwartete Ruhe- und Schreibstunde! Draußen die warme Julisonne und im Herzen ein frohes Heimatgedenken. Liebe Gedanken an Euch und die Freunde dort! Wie gerne wäre ich zu Deinem Patronatstag, lieber Papa, unter Euch gewesen! Gott hat es bisher noch anders gewollt. Dennoch wollen wir auch weiterhin die Hoffnung nicht verlieren. Ich sehne mich so danach, mit Euch einmal noch recht lange beisammen sein zu dürfen. In unseren Gebeten wollen wir den lieben Gott darum bitten, dass er, zumal Dich, lieber Papa, noch lange gesund erhalten möge. Euch und allen lieben Freunden dort die herzlichsten Grüße. Dem nächsten Brief dürft Ihr bitte ein Taschentuch beilegen. Von Herzen, Euer Bernhard."

Epilog: Ein Zeuge des Glaubens

Poethers Nachfolgekaplan in Bottrop, Pfarrer Wahmhoff, besuchte den alten Postmeister in Hiltrup, und dieser zeigte ihm einen Brief von der KZ-Leitung in Dachau. Darin habe gestanden, dass Sohn Bernhard „trotz aufopfernder Pflege und ärztlicher Hilfe an einer unheilbaren Krankheit verstorben sei. Der Vater könne die Asche gegen ein Entgelt von 18 RM erhalten. Der Vater sei in seiner Trauer ungehalten gewesen und habe gehört, eine solche Urne würde gar nicht die Asche seines Sohnes enthalten. Dagegen teilte die Krematoriumsverwaltung Dachau mit beiliegendem Schreiben vom 11. August mit: „Einäscherungs- und Übersendungskosten werden nicht berechnet. Um Ausfüllung und Rücksendung des anhängenden Formblattes wird gebeten."

Er dürfte wohl von einer Frau Catharina Niehaves von der Krummen Straße Nr. 40 in Münster, einer unbekannten Person, persönlich von dem Schicksal seines Sohnes Bernhard erfahren haben. Sie war eine Vertraute des späteren Domkapitulars Reinhold Friedrichs, der in Dachau die Verbindung nach Münster organisierte: „Sprich dem Vater des verstorbenen Bernhard Poether in Hiltrup mein Beileid aus (23. August)". Einen Tag später, am 24. August, bekam Vater Poether die Habseligkeiten seines Sohnes von der Gefangenen-Eigentumsverwaltung zugeschickt. Er sollte den Empfang der „nachstehend aufgeführten Effekten des am 5. August 1942 verstorbenen Bernhard Poether" bestätigen und den Empfangsschein unterschrieben umgehend an die Gefangenen-Eigentumsverwaltung des KZ Dachau zurücksenden. Aufgeführt waren: ein Hut, ein Mantel, eine Hose, ein Paar Schuhe, eine Schere, ein Hemd, ein Handtuch, ein Rasierapparat, ein Rock, ein Paar Socken, ein Schal und eine Nagelzange.

Das Generalvikariat Münster nahm den Leidenstod in der Mitteilung des Kirchlichen Amtsblattes unter der Rubrik „Personalveränderungen" zur Kenntnis. „Es starben [...] 5. August 1942: Poether, Bernhard, Kaplan, z. Z. Dachau, geboren am 1. Januar 1906 zu Datteln, zum Priester geweiht am 17. Dezember 1932." Die Behörde hatte wohl noch nie einen Brief aus Dachau in der Hand gehabt um zu wissen, dass die Anschrift korrekt angegeben werden musste: KZ Dachau 3 K 26/3. In den offiziellen Verlautbarungen wurde tunlichst der Charakter einer tatsächlichen Verfolgung und namentlichen Nennung der grundlos Weggesperrten vermieden. Alle im KZ einsitzenden Geistlichen wurden unter „beurlaubt in Dachau" aufgezählt. Wie stolz wurden dagegen die Kriegsgefallenen ganzseitig mit einem großen Kreuz angezeigt unter der Überschrift: „Es gaben ihr Leben für Volk und Vaterland". Sie wurden unter Aufzählung all ihrer Seelsorgestellen und ihren militärischen Auszeichnungen aufgeführt. Den Schluss bildete nicht der übliche Wunsch der Überlebenden R (equiescant) i. (n) p. (ace), mögen sie ruhen in Frieden, sondern ausgeschrieben: Vivant inter Sanctos, sie mögen unter Heiligen leben!

Das Empfinden, als NS-Opfer nicht vollgenommen zu werden, wurde von einem Kurs- und Leidensgenossen Poethers deutlich ausgesprochen. Die bitterste Erfahrung sei es gewesen, von Mitbrüdern nicht als Glaubenszeugen angesehen, sondern lediglich als unvorsichtig, unbeherrscht, unüberlegt handelnd und dumm bezeichnet zu werden. Der Bischof von Münster richtete ein Grußwort an die beiden Heimkehrgruppen aus dem Krieg und aus dem KZ. Er erinnerte daran, dass die, die ihr Priesterkleid abgelegt und den Soldatenrock anziehen mussten, aus ihrer Gemeinde herausgerissen wurden und in völlig andere Verhältnisse kamen, wo Menschen wenig christlich dachten oder gar ungläubig waren. Die unmenschlichste Behandlung der Mitbrüder im Konzentrationslager charakterisierte von Galen als einen indirekten Angriff auf ihn. Seinen Mitbruder im Bischöflichen Amt und Unterhändler bei der Reichsregierung, Heinrich Wienken, hatte er darauf hingewiesen, dass dieser sich für seine – Galens – Predigten nicht entschuldigen müsse. Poether fühlte sich wohl nicht wegen seines Bischofs eingelocht, eher verlassen, was er nie äußerte. Seine Grundaussage lautete, einzig und allein liege ihm Gottes Ehre und das Heil der ihm anvertrauten Seelen am Herzen. Er trage das Opfer der KZ-Haft gottergeben. Äußerlich war er stets in guter Stimmung und ertrug still die Qualen an Leib und Seele.

Es waren keine „dumme Jungenstreiche", weswegen er und seine Priestermithäftlinge im deutschen Vaterland im Konzentrationslager eingezogen waren. Es waren nicht die „Großtaten" des Deutschen Reiches, Eroberungsfeldzüge gegen die ganze Welt, was Ruinen, Tod und Vertreibung, Schutt und Asche über diese Welt brachte, das man heute meint, Geschichte schreiben und Ausstellungen organisieren zu müssen. Gegen diese schrecklichen Untaten und die Schattengeschichte des Deutschen Volkes leuchtete die Kapelle in Dachau in hellem Licht: Opfer aus christlichem Gewissen. Keiner der Priester war im Sinne des Strafrechtes schuldig. Poether war wie die anderen dort verhafteten Priester, in der Auslegung der Staatsdoktrin als Stand und Beruf in der Kirche auffällig und wegen ihrer Verkündigung der Frohen Botschaft Christi und ihrem Auftrag, Heil zu bringen, dem Reich nicht gefällig. Sie waren Zufallsopfer selbstgefälliger Gottlosigkeit im uniformierten nationalsozialistischen Parteienstaat. Dachau ist ein bleibendes Mahnmal für alle Katholiken, den Glauben in Wort und Tat zu bekennen. „Wäre das Christentum in Deutschland und im ganzen Abendland lebendiger gewesen, dann hätte es nicht ein Drittes Reich mit allen seinen Verfallserscheinungen gegeben." (Pribilla)

Vorderseite des Totenzettels unter Verwendung eines Motivs von Ruth Schaumann, August 1942.

Poether erschien den im Bottroper Gefängnis inhaftierten „Ruhrpolen" wie ein vom Himmel gesandter Engel, und er hätte nie um seine Befreiung aus dem KZ gebetet, sondern nur darum, dass Gottes Wille geschehe. Gern wäre Poether im heimischen Garten mit Freunden in Freiheit beisammen gewesen. Aber die Freiheit stellte sich erst Jahre nach Poethers Tod mit dem Zusammenbruch des Deutschen Reiches ein, als der Bischof die Heimkehrer begrüßen konnte. In der Stadt Münster wurde eine Straße nach den Heimkehrern benannt, der Heimkehrerweg. Manche der damals Verfolgten kehrten nicht mehr zurück. So schrieb einer, der Poether für seinen Einsatz pries, er wäre nach dem Krieg 1949 aus Deutschland weggezogen. Das

Ziel war seine Heimat Schlesien. Leider waren die Verhältnisse nicht so, wie er es sich gedacht hatte, er blieb in Stettin hängen. Von den Priestern kehrten viele von der Front nicht zurück.

Für einen der fünf in Dachau umgekommenen Diözesanpriester des Bistums Münster fand Galen nun die Worte, die er ebenso im Requiem angewandt auf Poether hätte sprechen können: „Ihr habt gehofft, er werde zurückkehren. Er kehrt nicht zurück. Darum trauert die Familie, die vor nicht ganz zehn Jahren seine Priesterweihe im Dom zu Münster feierte. Es werden trauern Gläubige, die ihn kennen lernten in Südkirchen, in Buer, in Ciecina, in Gladbeck. Besonders wird trauern Bottrop, wo er den Ruhrpolen Seelenfreund und Nothelfer war. Ihr habt Recht zu trauern; denn er kehrt nicht zurück. Sein Seelsorgeeinsatz für die nicht als Reichsdeutsche angesehenen, polnisch sprechenden Gläubigen brachte ihn ins Gefängnis, ins KZ und letztlich in den Tod. Er lebte für seine Gläubigen und gab sein Leben für sie. Selig, die Verfolgung leiden um der Gerechtigkeit willen, denn ihrer ist das Himmelreich. Darum trauert nicht über seinen Tod. Dachau war eine Schule der Heiligkeit. Wir wollen für ihn beten. Er wird für Euch beten. Folgt seinem Wort und Beispiel.“

„Statt besonderer Anzeige“ lud die Familie Poether zu einem Levitenamt am Montag, dem 17. August 1942, in die Pfarrkirche zu Hiltrup ein. Es zelebrierte Pfarrer Otto Reddemann. Er wurde prompt unter dem Vorwand, ständig nach

Grabstelle der Familie Poether mit dem Kreuz von Minkenberg.

"In diesem Zeichen
wirst du siegen"

BERNHARD POETHER
Opfer der NS-Diktatur

01.01.1906 Geboren in Datteln

17.12.1932 Priesterweihe im Dom zu Munster

26.12.1932 Primiz in St. Clemens zu Hiltrup

1932 - 1939 Kaplan
im Ruhrgebiet und in Polen

22.09.1939 Haftbeginn in Bottrop
anschließend Konzentrationslager
Sachsenhausen und Dachau

05.08.1942 Als Märtyrer in Dachau gestorb

Seine Urne im Seitenaltar erinnert und mahn

Gedenktafel in St. Clemens in Münster-Hiltrup.

nächtlichem Fliegeralarm Messen für Gefallene und Messen für Frontsoldaten zu halten, nach zwei Vorladungen von der Stapo Münster zur Zahlung von 1.000 Reichsmark Sicherungsgeld verurteilt.

Die Urne wurde im Familiengrab beigesetzt, das mit dem Grabmal geschmückt ist: Christus König in priesterlicher Gebetshaltung. Kaplan Ludwig Klockenbusch aus dem nahen Welbergen bei Ochtrup, der alte Freund und Kursgenosse, dürfte wohl die zwei Totenzettel besorgt haben. Sie zeigten die von Ruth Schaumann geschaffenen St. Michael und den Priester/Hirten. Der Name Michael, Patron der Deutschen, ist Programm und heißt: „Wer ist wie Gott", und er besiegt die Irrlichter der Welt in Gestalt des Drachens (ehedem Luzifer, Lichtträger). Der Hirt mit der Kanne führt seine Schafe zum Wasser ewigen Lebens. Der Primizspruch Poethers, damals vor zehn Jahren als Bitte formuliert und so auf beiden Totenzetteln übernommen, hatte jetzt seine Erfüllung gefunden und heißt: „Mit Heil will Ich (der Herr) seine (Sions) Priester umkleiden und seine Frommen sollen jubeln und jauchzen."

Die Schwester Maria nahm Abschied vom Bruder, indem sie von Cuxhaven sein Weihnachtspäckchen ins KZ schickte mit der Bemerkung, Bernhard brauche keins mehr. „Er feiert die ewige Weihnacht."

Vater Poether hörte, dass sich gegen Kriegsende im KZ die Verhältnisse lockerten, und der spätere Domkapitular und derzeitige Blockälteste würdige Gottesdienstgeräte erbat. Also war der Vater drauf und dran, den Primizkelch des Sohnes nach Dachau zu schicken. Friedrichs ließ antworten: „Wie lieb ist das Angebot von Vater Poether, aber ich möchte es nicht gerne annehmen, weil es für ihn und seine Familie viel zu wertvoll ist."

Täglich ging der alte Postmeister morgens in die Frühmesse und diente dort, wenn sich kein Messdiener fand. Anschließend hielt er Andacht am Familiengrab hinter der Kirche. Als er am 15. September 1945 von der Klosterstraße über die Adolf-Hitler-Straße (heute Marktallee) zur Kirche ging, wurde er von einem Militärfahrzeug überrollt. Als Tochter Maria 1980 verstarb, war die Hiltruper Familie Poether im Grab gemeinsam versammelt.

Als alter Mann hoffte der Pallottineronkel Georg Timpe aus Amerika noch zu erleben, dass „unser Bernhard nahe dem hl. Sakrament seinen Platz finden darf". 1982 wurde die Urne in der Clemenskirche Hiltrup im rechten Seitenaltar, auf dem die Pieta steht, beigesetzt. Ein Bild Poethers hing gegenüber einer Tafel mit den Namen der Kriegsgefallenen. Seit 2011 erinnert ein neu gestalteter Gedenkstein an diesen Kaplan und sein Martyrium:

Bernhard Poether,
Diener Gottes und seiner Kirche,
Beistand der Ruhrpolen in Not,
Kämpfer für gleiche Rechte aller Menschen,
ein überzeugter und überzeugender
Bekenner des christlichen Glaubens!

Gedenkstätten und Gedenken

St.Clemens Münster-Hiltrup:
* Familiengrab (seit 1935)
  Großvater Bernard Timpe
  Mutter Maria Poether + 21.10.1935
  Bruder Hermann Poether + 20.04.1937
  Urne Bernhard Poether 1942
  (Vater Heinrich Poether + 15.09.1945)
  Schwester Maria Poether + 28.03.1980
* Urnenbeisetzung im Seitenaltar der St-Clemens-Kirche 1982
* Poether Haus (Wohnhaus für Menschen mit Behinderungen)
* Bernhard-Poether-Straße in Hiltrup West 1986
* Gedenktafel in St.Clemens 2011 (in Anwesenheit der polnischen
  Generalkonsulin Jolanta Róza Kostowska)
* Stolperstein 16. Oktober 2012 vor dem Elternhaus Am Klosterwald

Gedenktafel in Breslau:
Stiftung des polnischen Bundes 1960
„Im Gedenken der Polen wird er immer ein Vorbild eines Menschen
und Priesters bleiben, der die Gerechtigkeit über alles liebte"

Herz-Jesu Gladbeck-Zweckel
* Gedenkstein vor der Kirche 1995
* Pfarrheim Bernhard Poether Haus
* in Gladbeck: Bernhard-Poether-Weg

St. Josef Bottrop-Batenbrock:
* Bernhard-Poether-Zentrum 1979;
  44 Altenwohnungen mit Begegnungsstätte und Gedenkbild
* Stolperstein 2007 Flasviertel
* Gedenktafel am Pastorat 22. September 2012

Stolperstein in Hiltrup „Am Klosterwald".

Das Mahnmal im KZ Dachau:
Die Gestaltung des internationalen Mahnmals im KZ Dachau symbolisiert einen Zirkel von Leiden und Sterben der Häftlinge: Die Stationen des Leidens der Häftlinge von ihrer Einlieferung an bis zur Befreiung. Am Ausgang des Mahnmals steht eine Urne mit Asche des unbekannten Häftlings, und an einer Wand finden sich in fünf Sprachen die Worte „Nie wieder". Mindestens 200.000 Menschen aus ganz Europa waren während der Nazi-Diktatur in Dachau und seinen Außenlagern inhaftiert, etwa 41.000 von ihnen kamen um.

Belege zur Lebensskizze Poethers

Zeitzeugen

Pfarrer Hermann Scheipers ist der Zeitzeuge, der Poether als letzter gesehen hat. Was er über Poethers Zeit in Dachau wusste, hat er zu Protokoll gebracht. Über das gemeinsame Theologiestudium in Münster und die Kaplanzeit bis zur Verhaftung in Bottrop gibt das Gesprächsprotokoll des Freundes Dr. Klockenbusch Aufschluss. Herausgehoben werden muss die Befragung der Gemeindemitglieder über Poethers Wirken als Vikar in Ciecina (Diözese Krakau) durch die Lehrerin Ola Stasica und die Übersendung von Quellen und Literatur.

Selbstzeugnisse

Bernhard Poether hinterließ ein Fahrtenbuch, Erinnerungen aus der Jugendzeit und ein paar Briefe aus den Konzentrationslagern Sachsenhausen und Dachau, in Maschinenschrift eine Seminararbeit (Freiburg) und die Entgegnung zu den Anklagepunkten in Gladbeck, einen Handzettel, eine Einladung zur Jugendmesse am Wochentag. Ein Gedicht von ihm, ein Reisebericht (London) und ein Nachruf auf Pfarrer Unckel (Hiltrup) wurden in der Tageszeitung gedruckt.

Posthume Zeugnisse

Nach dem Krieg sind unter den im Bistumsarchiv Münster (BAM) eingegangenen Bezeugungen des Lebensgeschickes Poethers und seines Gefangenenlebens hervorzuheben: Der Bericht eines Häftlings in Bottrop Machowsky und des Nachfolgekaplans Wahmhof in Bottrop; der Bericht Hein Wimmers über den Befreiungsversuch Poethers aus Sachsenhausen sowie die Kurzmitteilungen Farwicks über den Transport nach Dachau und Msgr. Styp-Rekowskys herausragendes Lob auf den Priester Poether in Dachau.

Quellen und Literatur

I. Quellen ungedruckt

o PfAe (Pfarrarchive)
■ PfAe* im BAM (Bistumsarchiv Münster)
BOTTROP St. Josef: KBB, Publikandum
Gelsenkirchen-BUER-(Beckhausen): Liebfrauen KB, Publikandum
CIECINA St. Katharina: KBB der Kapellengemeinden Brzusnik, Bystra, Juszczyna, Wegierska Gorka (mit Ciecina ein KB), Wieprz [frdl Zusendung v. Kopien]
DATTELN St. Amandus: KB 30
GLADBECK-Zweckel Herz-Jesu: KBB
HILTRUP St. Clemens*: KBB
A 182: Sodalitätsbuch
A 245: Erstkommunion
A 246: Publikandum
Bad IBURG St. Clemens: KBB [frdl Auszug durch Pfarramt]
MARIENTHAL St. Maria Himmelfahrt: Gästebuch [frdl Zusendung eines Auszugs]
MÜNSTER Herz-Jesu*: A 509: 69. Katholikentag
SÜDKIRCHEN St. Pankratius*: KBB 9-12, Taufkladde Nr 1
K 2 Kirchenvorstandsprotokollbuch 1857-1938,
Pfarrgeschichtliches
A 56 Publikandum (1928-1938)
A 206 Belege (1932-1934)
A 229 Kassenbuch
A 256 Jahresrechnungen (1924-1933)
A 281 Testament Pfr Bischof
A 284 Schenkung
WALTROP St. Peter*: KB 22

■ Gymnasium Paulinum Münster
Klassen- und Prüfungsleistung Poethers v. 21. Febr. 1927 [frdl Kopiezusendung OStdir a.D. Günter Lasalle]
■ Collegium Borromaeum Münster (BAM)
A 34, A 39, A 41: Kostgelder-Gebühren
A 54, A 55: Zulassung z. Studium
A 63, A 68, A 69 Mitglieder/Protokolle: von MC-Sodalen, der Rheno-Visurgia und Leonina

■ Westfälische Wilhelms-Universität Münster
Studiennachweis 1927-1932 [frdl Kopie zus. v. H. Robert Giesler, Uni-Arch]

■ Priesterseminar Münster (BAM)

A 1: Chronik
A 102, A 103
A 119a: Consuetudines
A 398: Versprechen

■ Erzbischöfliches Archiv Krakau
Anstellungs- und Beglaubigungsschreiben [frdl Zusendung v. Kopien]

BAM DA (Domarchiv) NA
A 19 Domchor, Katholikentag 1930

■ BAM Bischöfe
A 0 - 22,1 Kpl Wesemann an B. Galen 1944

BAM Nachlässe

Bernhard Poether A 1 - A 11
A 1: Mein Fahrtenbuch 1921-1925
A 2: Personalpapiere 1930-1938, Seminararbeit Freiburg 1930: Die Sünderin
Lk 7,36-50 (masch.-skript)
A 3: Korrespondenz 1929-1936: Familie, Freund
Ludwig Klockenbusch
A 4: Strafverfahren Gladbeck 1937/38, Verteidigungsschrift Poether (masch.-skript), Briefe aus KZ Sachsenhausen 1.VI.-15.XII.1940 (Kopie aus StAM)
A 5: Brr aus KZ Dachau 3.III.1941-25.VII.1942 (Kopie aus StAM)
A 6: Todesmitteilung 5.VIII.1942,
Levitenamt 17.VIII.1942 9^{00}, Totenzettel
A 7: Posthume Schreiben
– Schwester Adeltrudis Kaiser, Bestwig 1979 V 5
– Jan Machowsky, Stettin 1960 III
– P Georg Timpe, Palottiner (Onkel),
Amerika 1967/68
– Pfr Sonnenschein 1974
– Pfr Eduard Farwer 1948
– Broschüren, Zeitungsausschnitte
A 8: Messkelch Poethers v. Hein Wimmer, Photo
A 9: – Pfr Wahmhoff 1980
– Pfr Hermann Scheipers
– Pfr Schamoni 1979
– Bischof Friedrich Kaiser MSC Caravelli Peru 1981
– Prof. Hein Wimmer, Köln 1979
– Dekan Josef von Styp-Rekowsky, Alttann 1953 IX 5
– Predigtskizze Dr Klockenbusch
A 10: 59 Photos

A 11: Gespräch Dr. Ludwig Klockenbusch mit Christian Frieling März 1994
(Audio-Cassette AC 81), Transkription Strotdress 2009

Reinhold Friedrichs A 7

Heinrich Roth A 1, A 9, A 11

■ BAM Materialsammlung zur Geschichte des Bistums im 3. Reich
GV NA 101-3 - A 101-33

BAM Sammlung-Klerusbiographien

Friedrichs Reinhold KZ-Überlebende,
Treffen Gronau 1946
Mersmann Alfons KZ-Priester Krs Steinfurt
Meyer Josef Möldersbrief
Mertens Matthias Anmeldungsbuch Uni Münster

■ BAM Sammlung – NS-Verfolgte Priester
Bornefeld Anton
Friedrichs Reinhold
Helmus Josef
Oslislo Günther
Schmedding Laurenz
Sonnenschein Johannes
Wessing August

■ BAM Gesprächsprotokolle
Pfr Clemens Bombeck Herz-Jesu Gladbeck (Zweckel) lic. iur. Can., päpstl. Ehren-
prälat befragt Pfr. i.r. Hermann Scheipers, Mithäftling Poethers im KZ Dachau
2008 VI 12 (11 SS)
Dipl theol Thomas Flammer befragt Pfr. H. Scheipers, Ochtrup 2009

■ BAM Audio-Cassetten
Gesprächsprotokoll: Frieling - Klockenbusch (AC 81) 1994
Tonbandaufzeichnung: Flammer - Scheipers (AC 87.1-87.3, 184) 2005
o Masch.-Skripte
Bericht v. Ola Stasica der Befragung in Ciecina
Figura Franciszek, Erinnerungen an Kaplan Poether in: Tyzodnik Powszechny
Krakau 18. Juni 1978 Nr. 25 (aus dem Polnischen übersetzt)
Kock Erich, Zeuge der Wahrheit. Der Priester Bernhard Poether, WDR 2, Geistli-
ches Wort am 1.XI.1953, 7.40 Uhr
Plagemann Heinrich, Das Bistum Münster unter der Kirchenverfolgung des Natio-
nalsozialismus (1933-1945) - BAM AAA/171 = Sammlung D 106 Zeitgeschichte

A 134
Schmidt-Eppendorf Peter: „Zwei geistliche Brüder." Georg und Heinrich Timpe
- msc: Vortrag in der Kath. Akademie Hamburg am 30. Oktober 2008
Timpe Georg, Von allen Seiten 1968
s. Poether Nachlass A 2, A 4

II. Quellen gedruckt

1.) Autorschaft Poether
Poether in: Münsterscher Anzeiger
1930 XI 30, XI 13 Nr. 1210 Student. Reise nach Antwerpen-London
1931 X 15 Nachruf auf Pfr Unckel
1922 Gedicht Goldemar

Westfälische Nachrichten
2012 IV 6 Im Reich Goldemars
Wentrup Adolf, Hiltrup einst und jetzt, Hiltrup 1954, 2. Auflage 1955, Nachdruck
1989, Abdruck: Gedicht Goldemar 1954 S. 40; 1955 (1989) S. 95f. o. Namens-
nennung
Münsterscher Anzeiger
1992 XII 24 Primizanzeige
Tagebuch von Pfarrer Anton Jansen 1865-1899, hrg von der Pfarrgemeinde St.
Amandus Datteln 1997
69. Generalversammlung der Katholiken Deutschlands zu Münster in Westfalen
vom 4.-8. September 1930 hrg v. Lokalkomitee Münster 1930
Kuropka Joachim (bearb), Meldungen aus Münster 1924-1944. Geheime und
vertrauliche Berichte v. Polizei, Gestapo, NSDAP und ihren Gliederungen, staatl
Verwaltung, Gerichtsbarkeit und Wehrmacht über die politische und gesellschaftl
Situation in Münster, Münster 1992
Löffler Peter (Bearb), Bischof Clemens August Graf von Galen. Akten, Briefe und
Predigten 1933-1946 (= VKZG Reihe A Bd 42) Paderborn - München - Wien -
Zürich 1996, S. 1018
Portmann Heinrich, Dokumente um den Bischof, Münster 1948
Stasiewski Bernhard (Bearb.), Akten deutscher Bischöfe über die Lage der Kirche
1933-1945, Bd 1: 1933-1934, Bd 2: 1934-1935, Bd 3: 1935-1936 (= VKZG Reihe
A: Quellen Bde 5, 20 und 25) Mainz 1968, 1976 und 1979
Volk Ludwig (Bearb), Akten deutscher Bischöfe über die Lage der Kirche 1943-
1945 (= VKZG Reihe A Quellen Bd 38) Mainz 1985 Nr 872 II SS 197-205

2.) Amtsmitteilungen

Acta Apostolica Sedis AAS 29 (1937) 67
geg. Bolschewismus
K.A. Kirchliches Amtsblatt

zu Poether: K.A.
1932 Art 6, 41, 47, 1951 f (Weihen)
1933 Art 73 (Buer)
1936 Art 146 (Gladbeck)
1939 Art 53 (Bottrop)
1942 Art 152 (Dachau)
zu Kostgeld Borromäum: K.A.
1927 Art 2
1928 Art 30
1931 Art 31
zu Gehaltsregelungen: K.A.
1931 Art 93, 100f
1932 Art 1, 21, 49, 132
zu Primizfeier: K.A.
1926 Art 125
zu Polenseelsorge: K.A.
1921 Art 55
1922 Art 157
1931 Art 107
1934 Art 6, 66
1936 Art 31 Reichsbürgergesetz (1935 IX 15)
zur Jugendarbeit: K.A.
1927 Art 126 Am Scheideweg
1936 Art 35 HJ-Beitritt, Art 81, 148
Deutscher Gruß: K.A.
1933 Art 140
Religiöse Bekenntnisangaben: K.A.
1937 Art 280
Kriegsgefallen: K.A.
1942 Art 77
Hirtenbrief: K.A.
66 (1932) Art 6 (B. Poggenburg)
Enzyklika Mit brennender Sorge (1. in dt. Spr.): K.A.
1937 Beilage Nr 9
Priesterbuch des Bistums Münster, Stand 1. Mai 1989 (s. Geweihte 1922)
Die Priester der Diözese Münster. Weihealtar und
Anstellungen n.d. Stand v. 15. April 1939, Münster
Diptychon der seit dem Jahre 1920 verstorbenen Priester, die im Bistum Münster
geweiht wurden oder in ihm tätig gewesen sind, Münster 1975, S. 101
Schematismus des Bistums Münster (zu Poether)
1934 S. 39 Krakau
1935 S. 39 Ciecina
1937 S. 19 Gladbeck
1938 S. 104, 338f, 384f

1939 S. 229 Bottrop
1940 S. 198 beurlaubt
1942
Reichskonkordat 1933 IX 12: RGBl. II (1933) 679, I (1933) 625, Recht im Bistum
Münster 146, 1
Heimtückegesetz RGBL 1934 I S. 1269
Verzeichnis der Abiturienten des Collegium Augustinianum zu Gaesdonck (CAG)
1849-1955, 1849-1873, 1893-1941742, 1946, 1951-1955 in: Gaesdoncker Blät-
ter 1955 März SS 34-80, S. 45 Struker Arnold, Prof, DKap, S. 50 Helmus Josef;
Pfr Gladbeck
Verzeichnis der Lehrer im (CAG) in: Gaesdoncker Blätter 1960 S. 55: Ludwig Klo-
ckenbusch f. Religion und Zeichnen 1933 April - 1935 Oktober

III. Literatur

a) Standards zu Poether

Damberg Wilhelm - Heinrich Janssen, Vorbilder des Glaubens in: Das Bistum
Münster, hrg v. Werner Thissen, Münster 1993 3 Bde, Bd II 307-318, 316
Frieling Christian, Priester aus dem Bistum Münster im KZ (i. A. d. Komm. f. Zt-
gesch. im Bistum Münster) Münster 1992 SS 152-156 (Poether)
Hehl Ulrich von, Priester unter Hitlers Terror. Eine biographische und statisti-
sche Erhebung (= VKZG Reihe A: Quellen Bd 37) Mainz 2 Bde 2. Auflage 1985,
3. Auflage 1996 S. 1078
Moll Helmut (hrg), Zeugen für Christus, Paderborn 2 Bde 1999, I 455-459
Otzisk Reinhold, Kaplan Bernhard Poether (1.1.1906-5.8.1942). Eine biographische Skizze, Bottrop 1979 (32 SS 1. gründl. Skizze)
Otzisk Reinhold, Für die Menschen bestellt. Pro hominibus constitutus, Bottrop
1983 SS 15ff

b) Episoden

Dobelmann Werner, Hiltrup, Münster 1974
Bajohr Frank, Verdrängte Jahre. Gladbeck unterm Hakenkreuz, Essen 1983,
2. Auflage 1990
Egger Elisabeth, Hiltrup. Bürger-Bauern-bunte Papageien, Hiltrup 1998 SS 162-
166
Egger Elisabeth - Bärbel Reisener, Hiltruper Lesebuch, Münster 1983 S. 77
Enxing Heinz, Weil sie mutig waren, waren sie gefährlich, in: Gladbeck. Unsere
Stadt 22 (1994) 3-8 und in:Vestischer Kalender 68 (1996)
Fährmann Willi, So weit die Wolken ziehen, Würzburg 2008 SS 239-241
Holländer Theodor, Jung betroffen - Unter Braun und Rot, Essen 1979
75 Jahre St. Clemens Hiltrup, Festschrift zur Geschichte der Pfarrkirche und Pfarr-
gemeinde hrg. v. der Kirchengemeinde St. Clemens in Münster-Hiltrup, Münster-

Hiltrup 1988 S. 50

Kitzinger Kristina, Berhard Poether, Priester aus Hiltrup, Münster-Hiltrup, Kardinal-von-Galen-Gymnasium Kl. 8 (2009 im Rahmen eines Schülerwettbewerbs)

Lasalle Günter (hrg), 1200 Jahre Paulinum in Münster 797-1997, Münster 1997 SS 549-551

Lenz Johann Maria, Christus in Dachau. Ein religiöses Volksbuch und ein kirchengeschichtliches Zeugnis, Wien 1956 S. 156f

Oliver Ingeborg, Bernhard Poether - Erinnerung an einen fast vergessenen Helden in: MSZ (Münsters Senioren Zeitung) 30 (2010) Nr 4 SS 16+17

Schola Paulina, „Ehre seinem Andenken" (Blatt ehem. Pauliner aus Poethers Mem Gymnasium Paulinum Münster) 1983 Nr 41 SS 15f

Thissen Werner (Hrg), Das Bistum Münster, Münster 1993 3 Bde, I Schröer Alois, II Graf Günter (Redaktion) s. Damberg, III Menkhaus Ulrich (Redaktion)

Weiler Eugen, Die Geistlichen in Passau sowie in anderen Konzentrationslagern und Gefängnissen, Mödling bei Wien 1971 Bd 1 S 530, Lahr 1982 Bd 2

c) Allgemeine Zeitgeschichte

Astrath Wilhelm, Die Geschichte des Collegium Borromäum von seiner Gründung 1854 bis zum Wiederaufbau nach dem 2. Weltkrieg in: 100 Jahre Collegium Borromäum SS 39-110, 84-90

Börsting Heinrich, Handbuch des Bistums Münster, Münster 1943, 2. Auflage 1946 2 Bde

Bucksteeg Josef, Zur Geschichte der oberschlesischen Polen in Bottrop (= Stadtarchiv Bottrop: Geschichtsstunde Heft 9) Bottrop 2008

Damberg Wilhelm, Der Kampf um die Schulen in Westfalen 1933-1945 (= VKZG Reihe B Bd 43) Mainz 1986

Damberg Wilhelm, Moderne und Milieu (= Geschichte des Bistums Münster hrg. v. Arnold Angenendt 5 Bde) Münster 1998 Bd V 284f

Damberg Wilhelm, Gesellschaftlicher Wandel und pastorale Planung. Das Bistum Münster und die Synoden von 1897, 1924, 1936 und 1958 in: Thissen II 13-97

Ferber Walter, Romano Guardini (1885-1968) in: Morsey Zeitgeschichte I 287-295

Ferber Walter, Karl Muth (1867-1944) in: Morsey Zeitgeschichte I (1973) 94-102

Göbel Manfred, Katholische Jugend im 3. Reich (= Aktuelle Information 59) Mainz 1990

Grochtmann H., Geschichte des Kirchspiels Datteln (= Schriftenreihe zur Geschichte der Gemeinde Datteln, Oer-Erkenschwick, Ahsen und Flaesheim Bd 1) Datteln 1951

Gruber Hubert, Friedrich Muckermann S.J. 1883-1946. Ein katholischer Publizist in der Auseinandersetzung mit dem Zeitgeist (= Veröffentl. d. Kom. f. Ztgesch. Reihe B Bd 61)

Handbuch des Bistums Osnabrück bearb. v. Paul Berlage, Osnabrück 1968 S. 119

(Kloster der Pallottiner (SAC) in Hamburg-Rahlstedt, Raphaelsverein unter Pater Georg Timpe (1920-1930)

Handbuch der Kirchengeschichte hrg. v. Jedin Hubert - Konrad Repgen, Münster 1979 Bd VII. die Weltkirche des 20. Jahrhunderts

Hegel Eduard, Geschichte der Katholisch-Theologischen Fakultät Münster 1773-1964 (= Münsterische Beiträge zur Theologie 30,1) (1966) und 30,2 (1971)

Hegel Eduard, Die katholische Theologie in Münster in: Die Universität Münster 1780-1980 hrg. v. Heinz Dollinger, Münster 1980 SS 253-268

Hegel Eduard, Theologieprofessoren als Mitglieder des münsterischen Domkapitels in: Monasterium (hrg. v. A. Schroer) Münster 1966 SS 567-577

Hehl Ulrich von, „Priester unter Hitlers Terror". Zum Verhalten des katholischen Klerus im Dritten Reich (= Xantener Vorträge zur Geschichte des Niederrheins Heft 16) Duisburg 1995

Helmert Friedrich, Die Domkapitulare seit 1823 in: Westfalia Sacra 5 (1976) hrg. v. Schroer

Heß P. Sales, Dachau, eine Welt ohne Gott, Nürnberg 1946

Höllen Martin, Heinrich Wienken, der „unpolitische" Kirchenpolitiker. Eine Biographie aus drei Epochen deutschen Katholizismus (= VKZG Reihe B: Forschungen Bd 33) Mainz 1981

Hoogen - van Doornick Maria (hrg), Regens Francken 1875-1954. Gesammeltes, Gehörtes, Erlebtes, Münster 1992

Hüser Karl, 125 Jahre Genossenschaftsbank in Hiltrup, Hiltrup 2008

IKLK = Internationaler Karl Leisner Kreis Rundbrief Nr 50, Februar 2005

Iserloh Erwin, Innerkirchliche Bewegungen und ihre Spiritualität in: H. Jedin/K. Repgen (hrg) Handbuch der Kirchengeschichte, Freiburg 1979/85 Bd VII 301-335

Iserloh, Erwin, Lebenserinnerungen in: Römische Quartalschrift für christliche Altertumskunde und Kirchengeschichte 82 (1987) Heft 1-2, SS 15-43

Jacobmeyer Wolfgang, 1918 bis 1945. Das Paulinum vom Beginn der Weimarer Republik bis zum Ende des Zweiten Weltkrieges in: Lasalle 123-144

100 Jahre Bischöfliches Collegium Borromäum zu Münster 1854-1954

Jakobi Franz-Josef, Geschichte der Stadt Münster, Münster 1993 3 Bde

Jedin Hubert - Konrad Repgen (hrg), Handbuch der Kirchengeschichte, Freiburg 1979 Bd VII 338-355

Jeismann Karl-Ernst, Die Bildungsinstitutionen zwischen 1815 und 1945 in: Jacobi II 663-726

Kempner Benedicta Maria, Priester vor Hitlers Tribunalen, München 1966 [zu Poether keine Darstellung, weil Aktenmaterial fehlt]

650 Jahre Klosterkirche St. Maria Himmelfahrt Marienthal 1345-1995. Festschrift 650 Jahre. Darin: Segers Martin, Pfr Augustinus Winkelmann (1924-1950) SS 56-67, Peters Elisabeth, Die Malerei in M. aus der Zeit Pfr W. SS 91-96

Kösters Christoph, „Fest soll mein Taufbund immer stehn". Demonstrationskatholizismus im Bistum Münster in: Schlögel/Thamer SS 158-184

Kösters Christoph, Katholische Verbände und moderne Gesellschaft. Organisati-

onsgeschichte und Vereinskultur im Bistum Münster 1918-1945 (= VKZG Reihe
B: Forschungen Bd 68) Paderborn - München - Wien - Zürich 1995

Kuropka Joachim (hrg), Clemens August von Galen. Neue Forschungen zum Leben und Wirken des Bischofs von Münster, Münster 1992

Morsey Rudolf, Clemens August Kardinal von Galen (1878-1946) in: Morsey Zeit-
gesch. II 37-47

Morsey Rudolf (hrg), Zeitgeschichte in Lebensbildern. Aus dem deutschen Katholizismus des 19. und 20. Jahrhunderts, Mainz 1973/75 2 Bde

Muckermann Friedrich, Im Kampf zwischen zwei Epochen. Lebenserinnerungen
bearb und eingeleitet v. Nikolaus Junk (= Veröffentlichungen der Kom. f. Ztgesch
Reihe A Bd 15) Mainz 1973

Niermann Hans-Eckhard, Die Lageberichte der Hammer Oberlandesgerichtsprä-
sidenten und Generalstaatsanwälte 1935 bis 1945, in: Schlögel/Thamer 1996 SS
31-82

Pies Otto, Block 26. Erfahrungen aus dem Priesterleben in: StdZt 141 (1947)
10-28

Pottier Joel (hrg), Christen im Widerstand gegen das Dritte Reich, Stuttgart -
Bonn 1988, 2. Auflage 1995

Scheipers Hermann, Gratwanderungen. Priester unter zwei Diktaturen. Leipzig

Scheipers Hermann, Meine Erlebnisse im KZ Dachau, o.O. o.J.

Schellenberger Barbara, Katholische Jugend und Drittes Reich (= VKZG Reihe B
Bd 17) Mainz 1975

Schlögel Rudolf und Hans-Ulrich Thamer, Zwischen Loyalität und Resistenz. So-
ziale Konflikte und politische Repression während der NS-Herrschaft in Westfalen
(= Veröffentlichungen der Historischen Kommission für Westfalen XXII A Bd 10)
Münster 1996

Schroer Alois (hrg), Das Domkapitel zu Münster 1823-1973. Aus Anlaß seines
150-jährigen Bestehens seit der Neuordnung durch die Bulle „De salute anima-
rum" im Auftrag des Domkapitels (= Westfalia Sacra Bd 5) Münster 1976

Schroer Alois (hrg), Monasterium. Festschrift z. siebenhundertjährigen Weihege-
dächtnis des Paulus-Domes zu Münster, Münster 1966

Schroer Alois, Das Münsterer Priesterseminar. Ein Querschnitt durch s. Gesch.
Sacerdotium. Eine Festgabe f. A. Francken hrg. v. L. Grimmelt (1948)

Schulte-Umberg Thomas, „Gegen den politischen Klerus". Zur Sanktionierung der
Wortführer des katholischen Milieus im Bistum Münster am Beispiel der Heim-
tückeverfahren in: Rudolf Schlögel/Hans-Ulrich Thamer 1996 SS 83-125

Schulte-Umberg Thomas, Profession und Charisma. Herkunft und Ausbildung des
Klerus im Bistum Münster 1776-1940 (= Veröffentlichungen der Kommission für
Zeitgeschichte Reihe B Bd 85) Münster 1999

Seeger Hans-Karl, Der Dachau-Altar in der Lagerkapelle des Konzentrationslagers, hrg. v. Internationale Karl Leisner Kreis, Kleve IKLK Rundbrief 2005 Nr 50

Seeger Hans-Karl - Latzel Gabriele - Bockholt Christa (hrg), Otto Pies und Karl
Leisner (= Schriftreihe „Zeitzeugen" Bd 3) Sprockhövel 2007, SS 486-691 (Glos-
sar [alphab. Personen- und Sachindex])

Segers Martin, Der Friedhof an der Klosterkirche Marienthal und seine Botschaft der Hoffnung für unsere Zeit (= Große Kunstführer Vlg Schnell und Steiner Bd 215) Regensburg 2003

Segers Martin, Pfarrer Augustinus Winkelmann (1924-1950) in: 650 Jahre Klosterkirche Marienthal SS 56-67

Seidel Walter (Hg), Christliche Weltanschauung. Wiederbegegnung mit Romano Guardini, Würzburg 1985

Sowade Herbert, Die katholische Kirche in: Jakobi (hrg) II 387-432

Sowade Herbert, Der Kirchenneubau St. Clemens Hiltrup in: 75 Jahre St. Clemens Hiltrup, hrg. v. d. Kath. Kirchengemeinde Hiltrup 1988

Spael Wilhelm, Das katholische Deutschland im 20. Jahrhundert. Seine Pionier- und Krisenzeiten 1890-1945, Würzburg 1964

Thamer Hans-Ulrich, Stadtentwicklung und politische Kultur während der Weimarer Republik in: Jakobi II 219-284, 251

Thoma Emil s. Weiler

Trippen Norbert, Entwicklung des Klerus seit 1914 in: Jedin/Repgen (hrg.) Hb d. Kirchengeschichte Bd. VII S. 338-354

Weiler Eugen, Die Geistlichen in Dachau sowie in anderen Konzentrationslagern und in Gefängnissen. Nachlaß v. Pfr. Emil Thoma Bd 1: Mödling b. Wien 1971 Bd 2: Lahr 1982

Westermann, Chronik des 20. Jahrhunderts, Braunschweig 1982

Willenborg Rudolf, „Kath. Eltern, das müßt ihr wissen!" Der Kampf Clemens August Graf von Galen gegen den totalen Erziehungsanspruch des Nationalsozialismus, in: Kuropka, Galen Neue Forschungen 1992 SS 101-178

Zumholz Maria Anna, Clemens August Graf von Galen und der deutsche Episkopat 1933 bis 1945 in: Kuropka (Hg) Clemens August Neue Forschungen 1992 SS 179-220

d) Lexika

Brockhaus Enzyklopädie, Mannheim 199619

Brües Eva, Zwei Bildhauer in Mönchengladbach, Kniebe Walther (1884-1968), Minkenberg Hein (1889-1968), Städt. Museum Schloß Rheydt 1986 (Ausstellungskatalog 8. Juni - 3. Aug 1986)

Huber Ernst Rudolf - Huber W., Staat und Kirche im 19. und 20. Jh. 1973-1988

Jens Walter (hrg), Kindlers Neues Literatur Lexikon, München 1988-1992

LThK = Lexikon für Theologie und Kirche (2. Auflage), Freiburg 1957-1967

Pevsner Nikolaus - John Fleming - Hugh Honour (hrg), Lexikon der Weltarchitektur, München 1966, erweiterte Auflage 1971, 1979

Salzer Anselm und Eduard von Tunk, Geschichte der deutschen Literatur, Zürich 2. Auflage 1972 3 Bde

Vollmer Hans (hrg), Allgemeines Lexikon der bildenden Künstler des XX. Jahrhunderts, VI Nachträge A-Z Leipzig 1962, unveränderter Nachdruck dtv 1992

Der Bund Quickborn, Burg Rothenfels und die Liturgische Bewegung

Von Meinulf Barbers

Zu Beginn des 20. Jahrhunderts gab es wesentliche Veränderungen in Kirche und Gesellschaft. Mit dem Aufkommen der Industriegesellschaft bildete sich der Arbeiterstand als neuer Massenstand. Die Umbildung der Siedlungsstruktur führte zu Verstädterung und Verarmung und bei allem Fortschrittsoptimismus zu Vereinsamung und Vermassung. Die Kirche suchte lange, viel zu lange, das Überkommene zu bewahren, was zu einem Bruch mit weiten Teilen der Arbeiterschaft führte. Gestritten wurde auch über Grundfragen des Verhältnisses zwischen Einzelnem und Gemeinschaft, um Freiheit und Ordnung. Und die damalige Kirche beherrschte auch nicht mehr die angemessene religiöse Sprache.

In dieser Zeit entwickelte sich der Bund Quickborn, der älteste heute noch bestehende Bund der katholischen Jugendbewegung, aus Zirkeln abstinenter höherer Schüler, die ab 1909 in verschiedenen deutschen Städten entstanden, so in Frankfurt und Wertheim am Main, in Paderborn und in Neiße in Oberschlesien. Ein Ausgangspunkt war die Erkenntnis der sozialen Not, des Elendsalkoholismus, dem damals im kirchlichen Bereich nur Jugendpflege und soziale Hilfe begegneten. In ihrer auf andere hin gerichteten Abstinenz von Alkohol und Nikotin war die junge Bewegung, der sich auch viele katholische Wandervogelgruppen anschlossen, sehr realitätsbezogen. 1913 übernahmen die verschiedenen Zusammenschlüsse dann von ihrer Zeitschrift den Namen „Quickborn" für den zusammenwachsenden Bund. Der Name war Programm, er wurde als Kurzform des neuen Wollens dieser jungen Menschen gesehen: sie wollten lebendiger Quell sein – fons vivus, ein Beiname des heiligen Geistes –, sich lossagen von allem Abgestandenen, Unwahren, Unechten. „Die Enthaltung von allen Rauschgetränken ist wahrlich keine Lebensverkümmerung ... sondern nur eine selbstverständliche Voraussetzung ... für kraftvolle Selbsterziehung und wahrhaft frohen Jugendsinn ... Auge und Ohr schärfen wir für die große soziale Not. Wir fühlen uns mitverantwortlich für unserer Brüder leibliches und seelisches Wohl. Verständnis, Willen und Kraft wollen wir in uns wecken, diese Lebensnot überwinden zu helfen. Wir wollen freie Menschen werden. Doch wir verstehen Freiheit nicht als Zügellosigkeit, als Kampf gegen alle Überlieferung, Sitte und Autorität... Religion ist uns heilige Pflicht und unentbehrliche Quelle unserer Kraft. Christus steht als erster Name auf unserer Fahne, der wir Treue schwören ..."[1]

Ab 1913 nahm die junge Gemeinschaft auch Mädchen auf, was damals im katholischen Bereich als revolutionär galt. Für die Mädchen bedeutete die Mitarbeit in einem Bund einen geistigen Durchbruch – hier waren sie gleichberechtigt und leisteten einen wesentlichen Beitrag zur geistigen Auseinandersetzung.

Drei Priester in Schlesien prägten die junge Gemeinschaft wegweisend mit: Bernhard Strehler (1872-1945) brachte in besonderer Weise zwei Ansätze ein:

moralische Grundsätze und die Bedeutung der Kirche für den Einzelnen. Er war sehr menschenfreundlich, liebenswert und offen, aber fest und beharrlich in seinen Grundsätzen. Strehler kam 1903 an das Knabenkonvikt in Neisse. Als Präfekt bildete er dort zunächst eine abstinente Schülergruppe, angeregt durch das Armenviertel in der Nähe, in dem es sehr viel Elendsalkoholismus gab. Besonders wichtig und für die damalige Zeit neuartig war, dass nicht Strehler, sondern zwei Oberprimaner die Gruppe leiteten, die dann 1914 auch formal gegründet wurde – das Prinzip, das Jugend Jugend führt und Ältere beratend und unterstützend bereitstehen, galt dann von Anfang an im Quickborn ... Ab 1910 reiste Bernhard Strehler mit Pater Elpidius OFM durch Deutschland, um für den Bund junger abstinenter Katholiken zu werben. Ab 1913 gab er die Zeitschrift „Quickborn" heraus. Und aus der Erkenntnis, dass der Kampf gegen die Alkoholnot auch vorbeugend geführt werden müsse, baute er 1913/14 am Rande von Neiße den „Heimgarten" als Zentrum alkoholfreier Geselligkeit für die Jugend. Johannes Binkowski aus Neiße beschreibt den Heimgarten mit seinem Restaurationsbetrieb, dem großen Saal mit der offenen Bühne, den Garten und die Freilichtbühne und hält fest: „Strehler sammelte im „Heimgarten" Erfahrungen, die erstmals wesentliche religiöse Ziele in das Arbeitsprogramm einführten. Immer klarer wurde ihm, dass Abstinenz eine Änderung der Lebensführung bedeutet ...dass sie der erste Schritt zur Bereicherung des natürlichen Lebens ist und zu wahrer katholischer Frömmigkeit führt. So entwickelte sich allmählich ein neues Lebensprogramm, das auch äußerlich in allen Gruppen in Erscheinung trat ..."[2]

Ein großes Glück für Bernhard Strehler und den Quickborn war die Begegnung mit Klemens Neumann (1873-1928, ab 1903 am Realgymnasium Neiße in den Fächern Kath. Religionslehre, Französisch und Hebräisch tätig). Neumann brachte das Musische in den Quickborn ein und schenkte dem jungen Bund seine Liedersammlung „Quickbornlieder" (1914), die er ab 1919 in veränderter Form unter dem Titel „Der Spielmann" herausbrachte. Mit Bernhard Strehler und anderen errichtete er den „Heimgarten" in Neisse, der nicht nur im ostdeutschen Raum und nach Polen hin aus dem Quickborngeist Strahlkraft gewann.

So heißt es in einem Brief von Pfarrer Helmut Richter an Hermann Fuhrich über die fünfte Reichstagung des Verbandes Katholischer Männervereine 1928 im Heimgarten, dass Ludwig Wolker in seinen Reden dort „nicht nur einmal, sondern öfter betonte, dass der Geist, der jetzt im ganzen Bund der männlichen katholischen Jugend sich durchgesetzt und nun völlig eindeutig sich manifestiert habe, aus zwei Quellen gespeist worden sei: aus der Tradition der katholischen Jungmännervereine, aber nicht minder aus dem Geist der Jugendbewegung, vor allem des Quickborn. Deshalb habe man den Neisser Heimgarten als Tagungsstätte gewählt, weil dieser wie keine andere Stätte geeignet sei, der katholischen Jugendbewegung und damit dem Quickborn zu danken. Denn alles im Heimgarten atme diesen Geist ..."[3]

Hermann Hoffmann (1878-1972, ab 1907 Religions- und Oberlehrer am Matthias-Gymnasium Breslau – er hatte sich schon als Kaplan in Liegnitz zur Abstinenz entschieden und dort auch Polnisch gelernt, um die „Sachsengänger", die polnischen Saisonarbeiter für die Erntezeit, seelsorglich betreuen zu können) brachte in den Bund Ideen und Lebenshaltungen der deutschen Jugendbewegung ein. Wandern und Singen wurde für die jungen Leute Ausdruck einer neuen Freiheit und Lebensfreude.

Das eigentliche Wachsen des Quickborn begann erst nach dem Ersten Weltkrieg. Auf Grund der Initiative vor allem von Klemens Neumann konnte der „Verein der Quickbornfreunde e.V." am 21. Februar 1919 vom Fürsten zu Löwenstein Burg Rothenfels am Main kaufen. Auf Befragen vorher, wie er die für einen Jugendbund damals unvorstellbar hohe Kaufsumme (80.000 Goldmark, dann vom Fürsten auf 70.000 reduziert) aufbringen wolle, antwortete er: Wenn wir Mut und Vertrauen in die Zukunft haben, werden wir auch das Geld aufbringen. Vor dem Ersten Deutschen Quickborntag vom 10. bis 13. August 1919 auf Burg Rothenfels wirkte Neumann mit vielen Freiwilligen ein halbes Jahr auf der Burg und bereitete die Tagung vor. Thema dieser ersten großen Quickborntagung mit über 500 Teilnehmerinnen und Teilnehmern waren die Abstinenz und das Verhältnis zwischen Mädchen und Jungen.

Hermann Hoffmann blieb dann ein ganzes Jahr auf der Burg, um den Zweiten Deutschen Quickborntag 1920 vorzubereiten, der über Autorität und Freiheit handelte, ein Thema, bei dem auch in der Auseinandersetzung mit der Meißner-Formel der Freideutschen Jugend von 1913 von der eigenen Bestimmung und eigenen Verantwortung die Verantwortung vor Gott und den Mitmenschen herausgearbeitet wurde.

Bei dieser Tagung feierten die ca. 1500 Teilnehmerinnen und Teilnehmer die Missa Recitata – ein bedeutender Schritt, dass nun die beweglichen Teile der Messe von Vorbetern auf Deutsch vorgetragen wurden. Damals war auf der Reigenwiese der Burg „ein Altar aufgebaut, und die ganze Festmesse stand hinter dem Altar, um den Altar und gewissermaßen über ihm im äußeren Burghof.. Der Tagung ging eine Bibelwoche voraus.. Die ganze Tagung war eingebettet in eine große Reihe von Exerzitien. Die Kirche und ihre heilige Liturgie waren lebendiger geworden für diese Jugend."[4]

Der Dritte Deutsche Quickborntag 1921 wurde von Bernhard Strehler vorbereitet. Im Mittelpunkt stand das Verhältnis zwischen Gemeinschaft und Einzelnem. Und es ging um die Frage, ob neben Schülerinnen und Schülern, Studentinnen und Studenten auch Werktätige im Quickborn mitgestalten könnten. Der Gauführer der Westfalen Walter Dirks setzte sich zunächst vergeblich dafür ein, da die Zeit wohl noch nicht reif war und auch viele Werktätige Bedenken hatten. So wurde 1923 von Werktätigen der Parallelbund Jungborn gegründet, mit dem der Quickborn viele gemeinsame Tagungen durchführte. Bernhard Strehler wurde von seinem Diözesanbischof in Breslau, Kardinal Bertram, freigestellt und blieb von 1921 bis 1926 als Bundesleiter des Quickborn und Burgleiter auf Rothenfels. Er verließ die Burg dann nach Auseinandersetzungen mit Romano Guardini über die Frage, ob Quickborn nur katholische Jugendbewegung bleiben sollte oder – wie Guardini anstrebte – Kulturbewegung wurde. Romano Guardini (1885-1968) berichtete in seiner Ansprache Pfingstmontag 1949 auf Rothenfels, wie er zur Burg kam: „1919 waren einige von uns auf Fahrt gewesen und erzählten nach ihrer Rückkehr von einer alten Burg am Main, Rothenfels, wo aufregende Dinge geschähen: Da kommandiere keiner, sagten sie, und doch sei großartige Ordnung; es werde gearbeitet und gefeiert, aber alles komme aus den Leuten selbst; Jungen und Mädchen seien da beisammen, in Ernst und Fröhlichkeit, aber alles schön und sauber. So bin ich denn 1920 zu Ostern selbst hinaufgegangen, und das hat für mich Folgen gehabt wie wenige Dinge sonst."[5]

Guardini hatte an dem Programm des 1918 gegründeten Matthias-Grünewald-Verlages in Mainz als maßgeblicher Berater mitgewirkt. Damals begann sich die „katholische Erneuerung" nach dem ersten Weltkrieg abzuzeichnen. Im selben Jahr wird er bekannt durch seinen vom Laacher Benediktinerabt Ildefons Herwegen angeregten Aufsatzband „Vom Geist der Liturgie", in dem er – wie Ildefons Herwegen in seiner Einführung schreibt - „sein Augenmerk ... nicht so sehr auf den streng wissenschaftlichen Begriff der Liturgie gerichtet" hat „als vielmehr auf die konkreten Menschen und ihre Liturgiefähigkeit."[6]

Die sechs Kapitel „Liturgisches Beten", „Liturgische Gemeinschaft", „Liturgischer Stil", „Liturgische Symbolik", „Liturgie als Spiel", „Der Primat des Logos über den Ethos" ergänzt er in späteren Auflagen ab 1920 durch einen weiteren Beitrag „Vom Ernst der Liturgie". Er stellt in seiner Schrift die Volksfrömmigkeit wertfrei neben die Liturgie, deren Eigenart er kennzeichnet: Die von der Gesamtheit der Gläubigen getragene Liturgie als Memoriafeier gründet im Corpus Christi Mysticum. Aus der allgemeingültigen Feier der Kirche ergeben sich Anregungen und Korrekturen für das Beten des Einzelnen. Die verschiedenen liturgischen Symbole sind allgemeingültige Zeichenhandlungen, die stilbildend auch auf den Einzelnen einwirken.

Guardinis erster Sommer auf Burg Rothenfels 1920 bedeutet ihm Gabe und Aufgabe für lange Jahre; seine Fähigkeiten der Jugendführung und der Durchleuchtung schwieriger Fragen werden in einer Weise angefordert und entbunden, die ihm selbst eine Bestätigung und den jungen Frauen und Männern im Quickborn eine hilfreiche Klärung bringen. Es gelingt ihm, die Ansätze zu einer freien, vielleicht nur naturgebundenen Religiosität an die Kirche zu binden; ihm glückt es, jugendbewegte Formlosigkeit an die Formen der Liturgie und überhaupt an eine neue Ästhetik anzuschließen; es gelingt ihm die Entdeckung des Leibes und der Sinnlichkeit als Träger religiöser Erfahrung. 1921 erscheint Guardinis Schrift „Neue Jugend und katholischer Geist" in der Reihe „Das Neue Münster – Baurisse zu einer deutschen Kultur", in der er sich auch mit der „Idee der selbstherrlichen Jugendlichkeit" auseinandersetzt. Und die Bedeutung, die Romano Guardini gerade dem Quickborn zumisst, wird deutlich in seiner Schrift vom Februar 1921 „Quickborn – Tatsachen und Grundsätze".

Zur Zeit seiner Habilitation in Bonn lernt Guardini wichtige Personen aus dem Umfeld der Jugendbewegung kennen wie Max Scheler, Martin Buber und Hermann Platz und arbeitet 1921/22 mit Odo Casel am „Jahrbuch für Liturgiewissenschaft". 1922/23 hält er ein Jahr lang Dogmatikvorlesungen an der Rheinischen Friedrich-Wilhelm-Universität Bonn und wird sehr bekannt durch seine Vorträge

1922 bei der Bonner Akademikertagung. Im allgemeinen christlichen Gedächtnis bleibt aus dieser Zeit seine Aussage über einen sich damals abzeichnenden ungeheueren Vorgang: „Die Kirche erwacht in der Seele", die das neue Kirchen- und Gemeinschaftsbewusstsein vieler, vor allem junger, Menschen charakterisiert.

Gerade auch in Zusammenarbeit mit wachen jungen Menschen im Quickborn und auf Burg Rothenfels kann Romano Guardini seine Überlegungen zu einer neuen religiösen Geistigkeit gegenüber den alten Formen der Religiosität zunächst fruchtbar machen. Für ihn waren der Blick, der Durchblick, das Auge besonders wichtig. In seinen liturgischen Überlegungen und Experimenten betont er die liturgische Gemeinschaft. Besonders wichtig ist ihm die liturgische Symbolik. Gegenüber der Abwertung aller Zeichen zugunsten einer reinen Innerlichkeit spricht er sich aus für die Leiblichkeit als besonders wichtig für die Liturgie – er versteht dabei Leib als beseelten Körper. Auf Rothenfels übt er mit den Quickbornerinnen und Quickbornern und der darüber hinaus wachsenden Gemeinde liturgische Haltungen ein und macht „Heilige Zeichen" spürbar, erlebbar. Ihm gelingt es, viele Suchende, Wache anzusprechen, die mit ihm gemeinsam die Burg gestalten – wie den späteren Kirchenbaumeister Rudolf Schwarz – und den Quickborn mittragen. Die frühere Mädchenführerin im Quickborn Ida Friedrike Görres schreibt im Rückblick auf die Zwanziger Jahre: „Mit tiefstem Dank gedenken wir, die wir damals jung waren, des Lebens im Quickborn, der Tagungen auf Burg Rothenfels und was es uns bedeutet hat, in eine Welt junger Menschen zu geraten,

Kapelle auf Burg Rothenfels.

die ihr eigenes, strenges und stolzes Gesetz hatte, unbekümmert darum, wie andere es ringsum trieben und verkündeten. Es war die Gemeinschaft, die das trug und sicherte, was das Gewissen des einzelnen forderte. Es war die Gemeinschaft des Glaubens und gegenseitigen Vertrauens, die uns zeigte, daß die Verpflichtung, welche die Kirche uns im Namen Gottes auferlegte, nicht fremd und sinnlos war, sondern lebendige Wirklichkeit zu unserer Freude und zu unserem Heil."[7]

Romano Guardini veröffentlichte seit Anfang 1921 im „Quickborn", der Bundeszeitschrift der Gemeinschaft, Beiträge zur „Liturgie im Alltag", die große Breitenwirkung bekamen und die er 1927 in seinem Buch „Von heiligen Zeichen" zusammenfasste. Er begann die Reihe mit einem Artikel über das Kreuzzeichen.

Im Berichtsheft „Der neue Anfang" über den vierten Quickborntag 1922 lesen wir: „Jeder Tag wurde begonnen und beschlossen in Gott ... Der Rittersaal wurde – mit Erlaubnis des bischöfl. Ordinariates – zum Gotteshaus. Auf dem Podium war der Altar aufgebaut: ein einfacher Tisch, darauf Kreuz und vier Leuchter. Der opfernde Priester stand dem Volk zugewandt."[8] Die Messe wurde „fast jeden Tag" „anders gestaltet: deutsche Singmesse, Feldgottesdienst, missa recitata. Wohl alle aber werden des Morgens gedenken, als wir Opfergang hielten. Priester und Volk beteten gemeinsam die Eingangsgebete. Epistel und Evangelium werden verlesen. . Credo – Offertorium. - Und nun steht der Priester, den großen Kelch in Händen haltend, vor dem Altar. Von rechts und links schreiten junge Menschen heran, das Opferbrot, die Hostie in der Hand. Und sie legen die Hostie in den Kelch, schreiten zu ihrem Platz zurück, ein fortlaufender Zug. Da hat der ganze Mensch gebetet, nicht nur sein Herz, auch sein Leib. Der Priester kehrt mit den Opfergaben zum Altar zurück. - Suscipe sancte Pater omnipotens. - Und wieder geht der Zug bei der Kommunion vor zum Altar, das hl. Geheimnis zu genießen. Wir alle fühlten an diesem Morgen unsere tiefste Gemeinsamkeit, unsere Gemeinschaft in Christo."[9]

Beim Katholikentag in München im August 1922 kamen zum ersten Mal katholische Jugendbewegungen in einer breiten Öffentlichkeit zu Wort, als der Quickborner Robert Steidle die von Münchener Quickbornern vorbereitete „Münchner Formel" vortrug, die von jungen Leuten aus dem Bund Neudeutschland und anderen Verbänden mitgetragen wurde und in der es u.a.hieß: „Durch ungebrochene Wahrhaftigkeit, opferbereite Einfachheit und liebevolle Gemeinschaft wollen wir tätig mitwirken am geistigen und sittlichen Aufbau unseres Volkes."[10]

Im Geleitwort seiner Schrift von 1923 „Liturgische Bildung" weist Guardini darauf hin, dass zunächst vieles Versuch bleibe. Und als Aufgabe umreißt er u.a.: „Es geht darum, daß Einzelner und Gesamtheit zu jener Weise geistlichen Verhaltens erzogen werden, wie sie eben das Wesen liturgischen Lebens ausmacht. Diese Aufgabe drängt sich uns jetzt auf. Daß Liturgie keine Liebhaberei schöngeistiger Kreise ist, sondern ein Wesensstück ungebrochenen katholischen Lebens; dass die liturgische Bewegung nicht gemacht wurde, sondern notwendig aus dem überall erwachenden Willen zu katholischer Lebensführung entsprang, wird im Ernst wohl nicht mehr bezweifelt. Nun aber geht es darum, wie wirklich liturgisches Leben entspringen könne. Und zwar nicht nur dort, wo es durch sehr günstige

Umstände gefördert wird, etwa bei besonders Veranlagten oder im Geistesbereich einer benediktinischen Abtei, sondern im Alltag der Pfarrgemeinde."[11]

In einem „Exkurs: Liturgie und Leib" in ihrer Guardini-Biographie bemerkt Hanna-Barbara Gerl: „Zum Ausdruck kommt hier die denkbar einfache Grundlegung liturgischen Vollzugs: das Durchscheinen der seelischen Haltung im Leib, Liturgie als Transparenz von Innen und Außen, von Göttlichem und Menschlichem, von Unsichtbarem und Sichtbarem. Oder: Erweckt wird der Sinn für das Symbol, für das Ganze aus zwei Hälften. Wenn die eine Hälfte, der vollziehende Ausdruck, fehlt, so ist das Innere nicht nach außen gedrungen, nicht wahrnehmbar, nicht wirklich. Deshalb ist Guardinis Grundbesinnung auf die Liturgie nicht nur Ästhetik – wie ihm unterstellt wurde –, sondern von der Symbolik geleitet. Daraus bezieht sie ihre Stärke, die eben nicht auf einem innerlich gefühlten Erlebnis, sondern auf dem durchdachten, reflektierten Wahrnehmen eines Ganzen beruht. In dieses Ganze konnte sich jeder einüben, und Guardini übte mit den jungen Leuten: Atmen, Schreiten, Stehen, Schweigen, auch gemeinsames Sprechen von Psalmenchören (wie 1924 auf der denkwürdigen Rothenfelser Werkwoche mit Vilma Mönckeberg). Diese Liturgie war für jeden gedacht und denkbar, sie war nicht eine Sache geschulter Mönche. Guardini überbrückte die Kluft zwischen der bisherigen monastischen Erneuerung der Liturgie und der für die Laien vollziehbaren - wie Rothenfels überhaupt die Neugestaltung des Lebens aus dem Glauben für die Laien werden sollte."[12]

„Die Schildgenossen", Zeitschrift des „Großquickborn", der jungen Männer und Frauen im Quickborn, tragen die Gedanken Guardinis und seiner Mitarbeiterinnen und Mitarbeiter auf Burg Rothenfels in alle geistig aufgeschlossenen Bereiche des deutschsprachigen Raumes. 1923 übernimmt Guardini auch die – formal an die Universität Breslau angebundene – Professur für Christliche Weltanschauung in Berlin, die ihm neue Möglichkeiten und Ansprechkreise aufschließt und die er bis zu seiner Zwangsemeritierung durch die Nationalsozialisten 1939 fortführt. 1924 gab Romano Guardini „Zwölf Nachmittagsandachten. Im Anschluß an die liturgische Vesper" heraus. Und besonders wichtig war ihm die Komplet, die der 22-Jährige 1907 schon bei den Benediktinern in Beuron als wichtigen Zugang zur Liturgie der Kirche erlebt hatte.

1925 wird die Studentengemeinschaft „Hochland" gegründet. Und im gleichen Jahr nehmen viele Quickborner an der von dem Quickborner Max Joseph Metzger organisierten Friedenskonferenz in Clerf teil. Noch größere Beteiligung findet dann der internationale Kongress der Jugend für den Frieden im August 1926 auf dem Landgut des Grafen Sagnier in Bierville in Frankreich, bei dem – unter anderem mit Klemens Neumann, Hermann Platz, Kurt Döbler und Franz Stock (der hier Joseph Folliet kennen lernt) – die katholische Jugendbewegung am stärksten durch den Quickborn vertreten war, und am 9. September 1927 ein eintägiger Friedenskongress unter Leitung von Marc Sagnier auf Burg Rothenfels – im Zusammenhang mit einer Friedenstagung in Würzburg.

Die Gespräche und Versuche zur Liturgie mit Romano Guardini nehmen in besonderer Weise Gestalt an durch seine vielen Veröffentlichungen – auch in „Quickborn" und „Die Schildgenossen" – und in der Raumgestaltung auf Burg Rothenfels durch Rudolf Schwarz (1897-1961), der schon 1922 von Josef Aussem gebeten wurde, Burg Rothenfels als Baumeister zu gestalten. Mit der Berufung Guardinis zum neuen Bundes- und Burgleiter 1927 wird dann die Erneuerung des Burglebens gesichert. Das neue Kulturprogramm führt zu neuer Bautätigkeit.

In Rothenfels spielte Schwarz Themen durch, die er mit vielen – vor allem auch Romano Guardini – bespricht und die ihn sein ganzes Leben begleiteten. Eine Architektur der Armut war allein schon durch die Knappheit der Baumittel und die Hilfe von Ehrenamtlichen bedingt. Aber diese Armut war auch Programm. Dass die Leere die Fülle zwingt, dass Entäußerung die Voraussetzung jeder Erneuerung ist, entnahmen viele Zeitgenossen, auch und gerade die Baukünstler nach dem Ersten Weltkrieg, der Lektüre der Mystiker. Meister Eckehart, Heinrich Seume, Jakob Böhme haben damals viele als Zeugen ihres Weltbildes angeführt. Auch Schwarz las in den Zwanziger Jahren in den Predigten Eckeharts. Leer und rein, arm, aber reich wünschte er sich seine Burg. Leere war nicht Abwesenheit von etwas, sondern eine positive Qualität. Schwarz formulierte: „Wir fanden, dass die ganze Burg aus einer solchen ‚Fülle der Armut' neu entstehen müsse."[13]

Rudolf Schwarz schreibt über seine Hintergründe und Absichten auf Burg Rothenfels: „Es war eine Kapelle da, und sie war neu einzurichten ... Wir haben sie sehr einfach gestaltet: Weiße Wände, ein Altar aus dunklem Eichenholz, mit Silberblech benagelt. Ein silberner Radleuchter in der Mitte des Raums verband die kleine Gemeinde mit Licht. Wichtiger ist, was wir mit dem großen Festsaal unternahmen. Wir hatten den Rittersaal so erweitert, dass er den größten Teil des Obergeschosses im Pallas einnahm, hatten ihn zu einem klaren Würfel gemacht, indem wir allerlei barocke Ornamente entfernten und Decken und Wände weiß strichen. An der Decke wurden drei Reihen Sofitten angebracht, die in je drei Gruppen geschaltet werden können. Als einzige Ausstattung erhielt der Raum hunderte Schemel, kleine schwarze Würfel aus Holz. Das war alles. Die Architektur war zu einem reinen, weißen Behälter verhalten. Das andere, den lebendigen Raum musste die Gemeinde durch ihre Versammlung erschaffen. Hier wurde Ernst damit gemacht, dass eine Gemeinde aus sich heraus Raumgestalten hervorbringen kann. Der Raum selbst war auf keinen bestimmten Dienst hin entworfen. Er war das Behältnis für alles, was diese große Gemeinde festlich unternahm, für Aussprache, Vortrag und Ansprache, für Thing und Gesang, für Sprechchor und Tanz und für die liturgische Feier. Diesem allem wurde er geräumig ... In diesem Saal war zu den Zeiten der großen Tagungen auch Gottesdienst. Er war keine Kirche und man wachte eifersüchtig darüber, dass er weltlicher Raum blieb, aber zu diesen Stunden wurde er eine. Man baute dann mitten vor der Langwand den Altar. Der Geistliche stand dahinter, und das Volk, zu drei Blöcken zusammengefasst, an den anderen drei Seiten. So waren sie alle zusammen ein Ring der Tischgemeinde, der besonders schön gelang, wenn jeder eine brennende Kerze hielt und so zu einem Lichtring beitrug. Diese gottesdienstliche Form ist überaus innig, auf die gemeinsame Mitte, das ist der Kelch, hin erschlossene Wir-Gestalt. Auch der Liturge trägt zu ihr bei, indem er sich dem Ring einfügt. Er betet zur

Mitte hin und spricht, wenn er das Volk anredet, in die Mitte hinaus ..."[14] Rudolf Schwarz war von 1927 bis 1934 Direktor der Werkkunstschule Aachen. Bei den Neuberufungen legte er Wert auf Herkunft aus dem Handwerk und Teamfähigkeit für diese Werkkunstschule, die sich als „Bauhütte" verstand, nicht als Akademie. Wichtige Mitarbeiter von Schwarz an der Werkkunstschule wirkten auf Rothenfels mit: Nach Entwürfen von Rudolf Schwarrz gestaltete Anton Schickel den mit Silberblech und Silbernägeln verzierten Altar aus schwarz-gestrichenem Eichenholz und den großen Radleuchter in der Kapellenmitte: Ein mit Silberblech, Silbernägeln und Emaillearbeiten umkleideter Kern aus Eichenholz trägt 16 Kerzen. Anton Wendling (der ab 1922 auch Klemens Neumanns „Spielmann" illustrierte) schuf die schlichten Glasfenster und Maria Eulenbruch die sehr irdene Marienfigur (von der nach den Kriegswirren nur noch der Kopf erhalten ist). Das schlichte Kreuz auf dem Tabernakel stammte von Hein Minkenberg und Anton Schickel.

Und die genannten Gestaltungselemente wurden ergänzt durch ein neues Bild der Kirche, die dann später im Zweiten Vatikanischen Konzil umschrieben wurde als pilgerndes Gottesvolk, das gestärkt durch Gottes Wort und seine Sakramente gemeinsam auf dem Weg ist in die Vollendung, und ein neues Bild des Priesters: Er war nicht mehr bloß Hochwürden, sondern ein lebendiges Glied der Gemeinschaft; der Laie war nicht nur hörendes Objekt, sondern Mitgestalter der Kirche. Im Quickborn war der Priester nicht Präses, sondern – wie Heinrich Kahlefeld einmal formulierte – Hausvater im Gottesdienst, Verkünder des Wortes Gottes, Helfer und Mahner in Fragen des Gewissens, ansonsten aber „nur" Bruder im Bund. Die Versuche einer neuen, auf ihren Sinn durchleuchteten und durch-leuchtenden Liturgie und ihrer gestalteten Räume machten Rothenfels zu einem Ort von zeitweise europäischer Bedeutung und wirkten nachhaltig in die Liturgiereform des Zweiten Vatikanischen Konzils.

Natürlich gab es auch vor dem Quickborn liturgische Bewegung. Der Quickborn und Burg Rothenfels trugen diese monastischen Bestrebungen in die Öffentlichkeit. Symbole wurden neu und tiefer verstanden, praktische Schritte zu lebenerfüllten liturgischen Formen wurden erprobt und später von der Kirche übernommen. Auch viele Nichtquickborner erlebten auf Rothenfels weitertragende Gestaltungen: Zunächst die im Rittersaal versammelte Gemeinde, dann in Wort und Eucharistie vor der weißen Ostwand des Rittersaales „Vorübergang des Herrn" und nachher wieder nur die weiße Wand und die von Gott berührte Gemeinde. Oder die Bereitung der Gemeinde in der Osternacht zum Feuer auf der Reigenwiese, der gemeinsame Zug mit der am Osterfeuer entzündeten Kerze zum Rittersaal mit dem dreimal gesungenen Lumen Christi, der Wortgottesdienst im Rittersaal – durchaus auch in Achtung kirchlicher Vorschriften. So lud Guardini einmal im Wortgottesdienst der Osternacht ein zur österlichen Eucharistiefeier am Ostersonntag unter Verweis auf die kirchlichen Vorgaben und mit dem deutlichen Hinweis, dass sonst alles dafür spreche, die ganze Liturgie in der Osternacht zu feiern.

Viele Gäste der Burg trugen mit Quickbornerinnen und Quickbornern Gestaltungmöglichkeiten und neue liturgische Texte in die Gemeinden, die dort als

„Burgmesse" regen Zuspruch fanden; auch Schriftlesung und Tagzeitenliturgie erhielten von Rothenfels belebende Anstöße. Nicht übersehen werden soll die Neuentdeckung mittelalterlicher Lieder durch Klemens Neumann, der sie auch in den Gottesdienst einbrachte – die vielen Auflagen seines Liederbuches „Der Spielmann" zeugen von der Nachfrage hier. Andere Jugendbünde – wie Neudeutschland und Heliand und die katholische Mannes- und Frauenjugend – nahmen die Rothenfelser Anstöße auf und gestalteten ihrerseits die liturgische Bewegung mit. Und stellvertretend für viele andere Gemeinden und Gruppen sei zitiert aus einem Buch über das Leipziger Oratorium: „Die ‚Meßandacht‘ Romano Guardinis, die durch den Quickborn Verbreitung fand, beeindruckte und prägte Heinrich Kahlefeld, der 1921 erstmals Guardini begegnete und später dessen Mitarbeiter wurde, wie auch Werner Becker, der 1923/24 Guardinis Sekretär war. Auch weitere Oratorianer nahmen die Bemühungen auf Burg Rothenfels bewußt wahr und gestalteten sie mit."[15]

Meinrad Schaab skizziert die Bemühungen Guardinis: „Guardini und Rothenfels haben einander viel gegeben. Die Burg fand zu einer ganz neuen, auf das Wesen der Liturgie gerichteten Feier der Eucharistie und der großen Feste des Kirchenjahres. Es entwickelte sich eine neue Art des Gesprächs und der Auseinandersetzung mit den großen Fragen der Zeit und des Christseins in den Werkwochen. An die Stelle improvisierender Instandsetzungen trat in engster Zusammenarbeit zwischen Guardini und dem jungen Architekten Rudolf Schwarz eine Ausgestaltung der Burg im Sinne schlichter und strenger Sachlichkeit. All dies wurde von der großen Gemeinschaft getragen, die sich zutiefst als christliche Gemeinde fühlte. Guardinis Gedanke einer großen Öffnung von Rothenfels über den Rahmen des Bundes Quickborn hinaus fand auch seinen Niederschlag darin, daß sich 1933 der die Burg tragende ‚Verein der Quickbornfreunde‘ umbenannte in ‚Vereinigung der Freunde von Burg Rothenfels‘, wie dies auch angesichts der nationalsozialistischen Bedrohung geboten schien."[16]

Am 7. August 1939 wurde die Burg dann beschlagnahmt, der Trägerverein aufgelöst und der Bund Quickborn verboten. 1951 wurde die Burg ihrem Eigentümer zurückgegeben, der sie auch heute noch in freier Trägerschaft weiterführt – als große Jugend- und Erwachsenenbildungsstätte mit ca. 50 eigenen Tagungen im Jahr und als Jugendherberge. Bleibend wichtige Anliegen sind Ökumene und interreligiöser Dialog, christliche Lebensgestaltung und Liturgie (so veranstaltete Burg Rothenfels gemeinsam mit der Evangelisch-Lutherischen Kirche Deutschlands, den liturgischen Instituten und einigen Kommunitäten ein „Kleines Ökumenisches Stundengebet" beim Zweiten Ökumenischen Kirchentag 2010 in der Dreifaltigkeitskirche München und setzt diese Impulse auch auf weiteren Kirchentagen wie beim Katholikentag 1914 in Regensburg fort). Der Quickborn besteht auch heute noch und arbeitet als Quickborn-Älterengemeinschaft und Quickborn-Arbeitskreis (die Jüngeren auch auf Bundesebene als Mitgliedsverband im Bund der Deutschen Katholischen Jugend) weiter und führt auch große Tagungen auf Rothenfels durch.

Anstöße aus dem Quickborn und von Burg Rothenfels für die Liturgiereform des 2. Vatikanums

„Die Verbindung von liturgischer Bewegung und Jugendbewegung im Quickborn, in den Treffen auf Burg Rothenfels, war eine unwiederholbare Konstellation, eine ‚Scheitelstunde‘, wie Guardini sagte. Erst damit gewann die liturgische Bewegung ihren ‚Sitz im Leben‘, ihre volle Verbindung mit der Kirche – Voraussetzung ihrer späteren weltweiten Wirkung im Zweiten Vatikanischen Konzil."[17]

Die Versuche einer neuen, auf ihren Sinn durchleuchteten und durch-leuchtenden Liturgie und ihrer gestalteten Räume machten Rothenfels zu einem Ort von zeitweise europäischer Bedeutung und wirkten nachhaltig in die Liturgiereform des Zweiten Vatikanischen Konzils. Walter Dirks schrieb: „Alle wesentlichen Elemente der Liturgiereform, die mit dem Konzil verknüpft ist, wurden ... in Rothenfels vorweggenommen."[18] Guardini ordnete „die Liturgische Bewegung einem größeren Ganzen ein. Gemeint ist damit letztlich eine Wiederentdeckung der umfassenden Lebensgestalt der Kirche".[19] Von Rothenfels kamen Anregungen, die die Gründung einer Liturgischen Kommission in Deutschland anstrebten und zum Liturgischen Institut in Trier führten.[20] Der Quickborner P. Burkhard Neunheuser OSB (Maria Laach / San Anselmo bei Rom) war einer der erstberufenen Berater zur Ausführung der Liturgiekonstitution und dann Konsultor der Gottesdienstkongregation und Vorsitzender des Päpstlichen Liturgischen Instituts; als Konzilsteilnehmer war der aus dem Quickborn kommende Hermann Kardinal Volk Mitglied der päpstlichen Kommission für die Heilige Liturgie. Aus dem Quickborn und der Bildungsarbeit auf Burg Rothenfels erwuchsen „wichtige Impulse für die Erneuerung des geistlichen Lebens" „die später von der Gesamtkirche aufgegriffen wurden. Das verbindet ‚Rothenfels‘ grundlegend und untrennbar mit dem Zweiten Vatikanischen Konzil und der religiösen Erneuerung. Auf der Burg wurde bereits seit den zwanziger Jahren die christliche Existenz theologisch, liturgisch und auch ästhetisch neu durchbuchstabiert ... Viele liturgische Impulse flossen von hier aus in die Konzilsbewegung: die Verwendung der Volkssprache; die Hinwendung des Liturgen zum Christus repräsentierenden Altar und zugleich zur Gemeinde; die größtmögliche äußere und innere Beteiligung aller Mitfeiernden am Gottesdienst; der Versuch, die versammelte Gemeinschaft als theologisch bedeutsame Größe sichtbar und erlebbar zu machen."[21]

Anmerkungen:

1 Paul Pfister in: Quickborn-Flugblatt Nr. 2, 1916
2 Johannes Binkowski: Jugend als Wegbereiter – Der Quickborn von
 1909 bis 1945, Stuttgart 1961
3 Hermann Fuhrich: Der Heimgarten, Dülmen o.J., Hg. v. Gerhard Pankalla
 und Gerhard Speer im Auftrage des Arbeitskreises für Schlesisches Lied
 und Schlesische Musik, Veröffentlichung Nr. 4
4 Hermann Hoffmann: Im Dienste des Friedens – Lebenserinnerungen
 eines katholischen Europäers, Stuttgart und Aalen 1970
5 Burgbrief 1949, hg. v. d. Vereinigung der Freunde von Burg Rothenfels e.V.
6 Romano Guardini: Vom Geist der Liturgie, Mainz 1918
7 werkblätter – bundesrundbrief des quickborn, 1948
8 Der neue Anfang, Rothenfels 1922
9 Der neue Anfang, Rothenfels 1922
10 Johannes Binkowski, S. 2
11 Romano Guardini: Liturgische Bildung, Verlag Deutsches Quickbornhaus
 Burg Rothenfels, 1923
12 Hanna Barbara Gerl: Romano Guardini, Mainz 1985 (2. Aufl.)
13 Rudolf Schwarz: Kirchenbau – Welt vor der Schwelle, Heidelberg 1960
14 Rudolf Schwarz, aaO
15 Andreas Poschmann: Das Leipziger Oratorium - Liturgie einer
 lebendigen Gemeinde, Leipzig 2001
16 Burg Rothenfels, für die Vereinigung der Freunde von
 Burg Rothenfels e.V. hg.v. Artur Pfau, Rothenfels 1982
17 Hans Maier: Romano Guardini – Manuskript eines Vortrages
 in der Bayerischen Akademie der Wissenschaften am 25. April 2005
18 Burg Rothenfels, hg. v. d. Vereinigung der Freunde von
 Burg Rothenfels e.V., Rothenfels 1969
19 Arno Schilson in: Klemens Richter, Arno Schilson (Hg.): Den Glauben
 feiern, Mainz 1989
20 Ernst Tewes in: Gerhard Gruber, Fritz Bauer (Hg.): Kirche ohne
 Vorzimmer – Begegnungen mit dem Münchener Regionalbischof
 Ernst Tewes, München 1986
21 Achim Budde / Gotthard Fuchs in CiG, 61. Jg., 2009, Jg., Nr. 14:
 Die bewegte Burg - Liturgische Erneuerung, Romano Guardini
 und die Quickborn-Bewegung

Polen im Westen

Die Minderheit der „Ruhrpolen" zwischen Selbstorganisation, Duldung und Gewalt (1871-1939/40)

Von Gisbert Strotdrees

Einleitung

In der Nacht vom 9. auf den 10. September 1939, wenige Tage nach dem Überfall Hitler-Deutschlands auf Polen, verhaftete die Polizei in Bottrop neun Mitglieder eines polnischen Vereins, der sich in der katholischen Pfarrgemeinde St. Joseph gebildet hatte. Kaplan Bernhard Poether, erst seit April 1939 in Bottrop tätig, versucht die Freilassung der Verhafteten zu erreichen. Unter den Inhaftierten befindet sich ein ruhrpolnische Ehepaar, dessen Sohn kurz zuvor zur deutschen Wehrmacht eingezogen worden war und in der Uniform des „Großdeutschen Reiches" in den ersten Kriegstagen in Polen „für Führer, Volk und Vaterland auf dem Felde der Ehre gefallen" war.[1]

Schon diese wenigen Notizen umreißen die Dramatik, der sich die polnische Minderheit im Ruhrgebiet des Jahres 1939 ausgesetzt sah. Von der NS-Propaganda seit längerem attackiert und zermürbt, war die – ohnehin klein gewordene – Gruppe der „Ruhrpolen" nach dem Überfall Hitler-Deutschlands auf Polen einer sich zuspitzenden Verfolgung ausgesetzt. Verbote, Beschlagnahmungen, Gefängnis, KZ-Haft: Die antipolnische Gewaltpolitik des „Dritten Reiches" bildet das düsterste Kapitel in der langen Geschichte der ruhrpolnischen Minderheit in Westfalen.

Der katholische Pfarrer Bernhard Poether hatte den Angehörigen dieser Minderheit in Bottrop wie zuvor schon in Gelsenkirchen-Buer und Gladbeck zur Seite gestanden. Sein Einsatz vor allem für jenes Ehepaar, das am 22. September 1939 auf Poethers Drängen hin tatsächlich aus dem Bottroper Gerichtsgefängnis entlassen wurde, trug ihm nun selbst die Inhaftierung durch die Gestapo ein. Poether bekannte sich weiterhin zur Polenseelsorge und hielt daran trotz aller drohenden Repressalien fest – ein Bekenntnis, dass das NS-Regime mit KZ-Haft in Sachsenhausen und Dachau „beantwortete" und dass Poether mit seinem Leben bezahlte.

Wer aber waren die, für die er sich einsetzte? Woher kamen sie? Waren sie so etwas wie „Gastarbeiter"? Oder „Ausländer"? Jede der Familien, für die Poether sich eingesetzt hat, dürfte ihre eigene Migrationsgeschichte zu erzählen gehabt haben. Wir kennen diese individuellen Geschichten allerdings nicht. Denn leider hat die Familien niemand gefragt, und so weit bekannt, hat von ihnen niemand die Erlebnisse der 1930er Jahre aufgezeichnet.

Bekannt und recht gut dokumentiert bzw. erforscht hingegen ist die Geschichte der Polen im Ruhrgebiet[2] – und doch ist sie bis heute von zahlreichen Legenden, Mythen und Missverständnissen geprägt, ja auch von Nicht-Wissen und Nicht-

Wahrnehmen. So ist die Geschichte dieser Zuwanderungsbewegung bis heute in keinem Museum des Ruhrgebietes präsent, von zwei überschaubaren Abteilungen in Bochum und Ratingen abgesehen.[3] Eine bis heute gern kolportierte Erzählung lautet, dass die Minderheit der Ruhrpolen, zu Kaisers Zeiten eingewandert, im „Schmelztiegel" des Reviers letztlich aufgegangen und erfolgreich integriert worden sei. Aber stimmt das so? Ist die Geschichte der Ruhrpolen tatsächlich „eine Erfolgsgeschichte von amerikanischen Ausmaßen"[4], wie der amerikanische Historiker Richard C. Murphy – übrigens am Beispiel der Ruhrpolen in Bottrop, der letzten Wirkungsstätte Bernhard Poethers – geurteilt hat?

Die polnische Minderheit im Ruhrgebiet 1870-1918

„Manch junger Mensch, voll Wanderdrang nach reicheren Ländern, in denen ihm erstmalig die Sonne des Glücks geschienen hatte, noch dazu ein Pole, das heißt ein Ruheloser in der Verbannung, besann sich nicht lange, sondern machte sich auf in das Land seiner Sehnsucht. Lobeshymnen für dieses unbekannte Land flossen aus seinem Munde. Jeder Pole in Posen oder Schlesien, der sich in beklagenswerter Lage befand, empfand beim Hören solcher Lobpreisungen große Freude und gleichfalls Verlangen nach diesem glücklichen Land."
(Aus der Jubiläumsschrift des St. Barbara-Vereins in Bottrop 1911)[5]

Die Geschichte der ruhrpolnischen Minderheit reicht bis in die Zeit der Bismarck'schen Reichsgründung zurück.[6] Ein Jahrzehnt zuvor, 1861, hatte das „Königlich-Preußische Statistische Bureau" noch berichtet, im gesamten Raum Westfalen und der Rheinprovinz seien „nur sechzehn Polen"[7] ansässig. Binnen weniger Jahre änderte sich das grundsätzlich. Nach der Wirtschaftskrise der Gründerjahre erlebte die Bergbauindustrie an der Ruhr einen starken Boom. Die Zechen benötigten Arbeitskräfte in bis dahin ungeahnter Zahl. Der Bergbau hatte bis dahin vor allem die Landarbeiter, Tagelöhner und Heuerlinge des Umlandes angelockt. Seit den 1870er Jahren zog der Boom die ländlich-agrarischen Provinzen im Osten des neuen Kaiserreiches an: Posen, Westpreußen, Ostpreußen und Oberschlesien. Diese Regionen waren reich an Menschen und – von Teilen Oberschlesiens abgesehen – arm an Arbeitsmöglichkeiten.

Die Polen wanderten häufig in Gruppen bzw. Ketten aus einer bestimmten Herkunftsregion ein. Oft fanden sie sich in einer Stadt des Reviers wieder: Polen aus dem Posener Raum ließen sich vornehmlich in Oberhausen und Wanne-Eickel nieder, Westpreußen in Wattenscheid, Masuren vornehmlich in Gelsenkirchen. Bottrop, die spätere Gemeinde Bernhard Poethers, war von Beginn an Ziel von Zuwanderern aus Oberschlesien, insbesondere aus den Kreisen Ratibor und Rybnik.[8]

Diese Verbindungen entstanden oft zufällig, vor allem in den Anfangsjahren der Migrationsbewegung. Das zeigt der Blick auf Bottrop: Im Januar 1871 hatte sich ein „Anwerber" des Bottroper Bergwerks Prosper I in Richtung Osten aufgemacht und war mit einer Gruppe von rund 25 Männern aus dem Kreis Rybnik zurückgekehrt. Wenig später reisten weitere Steiger bzw. Vorarbeiter teils polnischer Herkunft, wiederum im Auftrag der Zechenleitung, gezielt nach Rybnik, um dort bzw. im Umkreis weitere Arbeitskräfte anzuwerben.[9]

Die in den „Wilden Westen Preußens" einwandernden Arbeiter bildeten alles andere als eine einheitliche Gruppe. Sprachlich und landsmannschaftlich unterschieden sie sich, auch konfessionell gab es Unterschiede. Nimmt man die polnische Sprache als Unterscheidungsmerkmal, so kamen bis zum Beginn des Ersten Weltkrieges 1914 schätzungsweise 300.000 bis 350.000 Polen ins rheinisch-westfälische Industrierevier.

Nicht eingerechnet ist hier die große eigenständige Gruppe der Masuren.[10] 1914 lebten allein in Westfalen rund 180.000 Masuren. Das entsprach mehr als einem Drittel der gesamten masurischen Bevölkerung im südlichen Ostpreußen. Sie sprachen ebenfalls polnisch bzw. einen altpolnischen, von deutschen Bestandteilen durchsetzten Dialekt, waren aber – im Gegensatz zu den katholischen Polen – evangelischer Konfession. Außerdem galten sie als besonders loyal gegenüber Preußen und der Hohenzollern-Monarchie.

Die Mehrheitsbevölkerung in Westfalen sah solche Unterschiede kaum, sondern fasste die Gruppen häufig unter dem abwertenden Schlagwort der „Polacken"

Bergleute der „Zeche Nordstern" in Gelsenkirchen, 1897. Die boomenden Zechen und Stahlwerke des Ruhrgebietes benötigen Zigtausende Arbeitskräfte. Die meisten kommen aus preußischen Teilen Polens in „Preußens wilden Westen".

zusammen. Rechtlich gesehen waren Masuren wie Polen preußische Staatsbürger, mit allen damit verbundenen Rechten und Pflichten. Die meisten kamen aus Regionen, die seit den polnischen Teilungen des 18. Jahrhunderts zu Preußen gehörten, waren also, als sie ins westfälische Ruhrgebiet kamen, Zuwanderer – und keine Einwanderer wie etwa die deutlich kleinere Gruppe der italienischen oder niederländischen (Wander-)Arbeiter, die vornehmlich im Kanal-, Straßen- oder auch Hausbau im Kaiserreich tätig waren. Im Vergleich zu ihnen genossen die Polen an der Ruhr also einen besonderen Rechtsstatus. Sie konnten nicht einfach abgeschoben werden. Ihr Status schützte sie freilich weder vor Diskriminierungen im Alltag noch vor Verdächtigungen oder gar scharfer Überwachung des preußischen Obrigkeitsstaates.

Die weitaus meisten polnischen Zuwanderer arbeiteten als Bergleute auf den Zechen im westfälischen Teil des Reviers. Zwischen Essen und Bochum, Bottrop und Recklinghausen gab es um 1900 zahlreiche Zechen, deren Belegschaft zu mehr als 50 Prozent polnischer Herkunft war. In den Zechen „Dannenbaum" in Bochum, „Pluto" in Gelsenkirchen und „Graf Bismarck" in Recklinghausen stellten Polen einen Anteil von mehr als 70 Prozent, in der Recklinghausener Zeche „Ewald" sogar einen Anteil von 85 Prozent der Gesamtbelegschaft.

Viele der zugewanderten Polen dürften sich anfangs als „Gastarbeiter", als Bergleute auf Zeit gesehen haben. Ihr Ziel war es, Geld zu sparen, in ihren Herkunftsort zurückzukehren und dort eine eigene Existenz aufzubauen. Von diesem Ziel rückten viele allmählich ab – nicht zuletzt wegen der relativ hohen Löhne, die damals im Bergbau gezahlt wurden. Der Weg zurück war ihnen aber spätestens ab 1904 versperrt, als der preußische Landtag eine Novelle des „Ansiedlungsgesetzes" verabschiedete.[11] Sie verbot den Polen faktisch, in den preußischen Ostprovinzen Land zu erwerben und Häuser zu bauen. Diese Novelle zeigt den unmittelbaren Zusammenhang der preußisch-deutschen Polenpolitik im Osten und im Westen. Die Novelle, so urteilte ein Zeitgenosse, habe „einen Reifen um die Polen" geschlossen, „der sie enger aneinanderschloss und sie nur umso näher und erbitterter an ihrer Rasse (sic!) und an ihren nationalen Zielen festhalten ließ".

Von Beginn der Zuwanderung an spielten die örtlichen Kirchengemeinden eine herausgehobene Rolle für die Orientierung und den Zusammenschluss der Ruhrpolen, ebenso auch für die Herausbildung einer ruhrpolnischen Subkultur. Für die Teilnahme der meist polnischsprachigen Bergleute und ihrer Familien am religiösen Leben in Westfalen gab es sprachliche Barrieren, aber ansonsten „keine formalen Hindernisse", so der Historiker Witold Matwiejczyk, „so wurde der örtliche Pfarrer ihr erster Betreuer".[12] Aus diesen Anfängen entstanden schon früh die ersten ruhrpolnischen Vereine: „Jedność" (Einigkeit) 1877 in Dortmund sowie zwei „St. Barbara-Vereine" 1883 in Gelsenkirchen und 1885 in Bochum.

Um die religiöse Betreuung kümmerten sich zeitweilig polnische Priester, in der Bottroper St. Cyriakus-Gemeinde beispielsweise schon seit 1872 ein aus Posen stammende Priester namens Johann Kontecki. Im Zuge des Kulturkampfes und der antipolnischen Politik Bismarcks musste er wie alle anderen polnischen Priester das Revier verlassen. Ihnen war es zeitweilig strikt verboten, in Westfalen tätig zu sein. Erst Mitte der 1880er Jahre, als der Bismarck'sche Kulturkampf an Schärfe verlor, wurden die restriktiven Bestimmungen allmählich gelockert. In den 1890er Jahren gelang es den Polen in Bottrop sogar, unterstützt vom örtlichen Pfarrer, eine eigene Kirchengemeinde durchzusetzen und den Bau einer weiteren Kirche zu realisieren, nachdem bereits 1898 eine zweite Kirche, St. Johannes, im Nordosten Bottrops gebaut worden war.[13] Da sie abseits der polnischen Kolonie des Stadtteils Lehmkuhle lag, die Stadt aber weiter expandierte, wurde der Bischof von Münster um Genehmigung für den Bau einer dritten Kirche ersucht. Sie sollte faktisch der Mittelpunkt einer „polnische Pfarre" werden. Der Bischof von Münster gestattete von Beginn an, dass hier Gottesdienste in polnischer Sprache stattfinden konnten. Eine einheimische Bürgerin stiftete das Baugrundstück für den Kirchenbau, weitere 50.000 Mark für den Bau wurden von einer Gruppe von 85 Bottroper Bürgern gestiftet. Auch die Zechenleitung der Arenberg-Bergbau-GmbH unterstützte mit 20.000 Mark den Kirchenbau – nicht zuletzt, weil sie „ein Interesse an der Zufriedenheit ihrer polnischen Arbeiter" hatte.[14] Im Oktober 1902 konnte diese neue Kirche mit dem Gemeindenamen „Herz Jesu" eingeweiht werden.

Eine integrierende Kraft entwickelte anfangs auch der katholische „Gewerkverein christlicher Bergarbeiter". Er soll unter seinen 20.000 Mitgliedern im Ruhrgebiet um 1900 etwa 5000 bis 6000 polnische Mitglieder gehabt haben.

Die Ansätze der Integration, die sich bereits in der Frühzeit der Zuwanderung beobachten lasen, wurden zunichte gemacht und geradezu in ihr Gegenteil verkehrt von der preußisch-deutschen Obrigkeit des Kaiserreiches. Sie führte im Osten des Reiches bereits seit Bismarcks Zeiten einen scharfen antipolnischen

Das Bochumer Redemptoristen-Kloster war um 1900 ein Mittelpunkt der Polen-Seelsorge im Revier. Hier wurde 1902 die ruhrpolnische Gewerkschaft ZZP ins Leben gerufen, die binnen weniger Jahre zur drittgrößten Gewerkschaft im Revier aufstieg.

Fahne der Rosenkranz-Bruderschaft Wanne-Eickel von 1901. Sie befindet sich heute im Museum „Religio" in Telgte.

Nationalitätenkampf – und übertrug diesen Kampf seit den 1890er Jahren auf den Westen, auf das Ruhrrevier. Polizei und Verwaltung witterten Überfremdung, Verschwörung, Bedrohung der öffentlichen Sicherheit und die Gefahr eines „Polenstaates im Westen". In einer berüchtigten Denkschrift kam der Oberpräsident Westfalens, Konrad von Studt, 1896 zu folgendem Urteil:

„Wird der politischen Weiterentwicklung kein Hemmniß entgegengesetzt, so ist die Zeit nicht mehr fern, wo die Polen in einzelnen Gemeinden mit dem Stimmenübergewicht die Herrschaft in der Gemeindevertretung erlangen werden. Unter diesen Umständen kann die Bewegung in unruhigen Zeiten eine Gefahr für die öffentliche Ordnung werden." Aus dieser Sicht forderte von Studt: „Scharfe Überwachung der Agitation und Vereinsthätigkeit, Fernhaltung nationalpolnischer Geistlicher, Beschränkung des Gebrauchs der polnischen Sprache in öffentlichen Versammlungen, ausschließlich deutsche Schulbildung: das werden die Mittel sein, mit denen das Polenthum im Westen der Monarchie dem Einfluss der deutschfeindlichen Agitation entzogen und der Germanisierung zugeführt wird."[15]

Unter diesem Druck bildete die ruhrpolnische Minderheit ihre Subkultur, ihre Eigen- und Gegenwelt umso stärker heraus. Gleichzeitig erhielt der polnische Nationalismus Auftrieb und nahm aggressive, teilweise auch militante Züge an. Dies zeigt sich an der Zeitschrift „Wiarus Polski" (übersetzt: „Polnischer Kämpfer" oder" Kämpe"). Der katholische Geistliche Franz Liss hatte die Zeitschrift 1890 in Bochum gegründet, „um die 25.000 bis 30.000 Polen vor der Pest des Sozialismus"[16] zu bewahren. Der „Wiarus", der dreimal in der Woche erschien, veröffentlichte anfangs religiöse Artikel sowie praktische Lebenshilfen für die Zuwanderer, schlug jedoch bald offensive Töne an und nahm schließlich um 1900 „eine auf totale Konfrontation ausgerichtete nationalistische Linie" ein, wie der Historiker Christoph Kleßmann urteilte.[17]

Gleichzeitig wurde die Zeitschrift zum „Zentralorgan und Organisationszentrum der Polen im Ruhrgebiet":

> 1894 wurde die „Vereinigung der Polen in Deutschland" (Zwiącek Polaków w Niemczech) ins Leben gerufen. Sie verstand sich als Dach-Organisation für alle Auswanderer aus Polen in ganz Deutschland, erreichte aber nur eine geringe Verbreitung und umfasste im Jahrzehnt vor dem Ersten Weltkrieg kaum mehr als 3000 Mitglieder.[18]

> Die Vereinigung wurde zum Kristallisationskern einer gewerkschaftlichen Bewegung der Polen in Deutschland; Die „Polnische Berufsvereinigung" (Zjednoczenie Zawodowe Polskie – ZZP)[19] wurde am 9. November 1902 in der seinerzeit so genannten „polnischen Kirche", dem Redemptoristenkloster in Bochum von rund 250 Vertretern polnisch-christlicher Arbeitervereinigungen ins Leben gerufen, unter aktiver Beteiligung von „Wiarus"-Redakteuren. Zehn Jahre nach Gründung war ZPP mit mehr als 30.000 Mitgliedern die drittgrößte Bergarbeiter-Gewerkschaft, nach dem katholischen „Christlichen Gewerkverein" und dem sozialdemokratischen „Alten Verband", an dessen Seite sich das ZZP vor allem während der großen Bergarbeiterstreiks von 1905 stellte. Die Gewerkschaft ZZP

stellte eine der größten organisatorischen Leistungen der ruhrpolnischen Minderheit im Kaiserreich dar.

> Auch auf lokaler Ebene bildete sich eine polnische Eigen- und Gegenwelt in staunenswerter Vielfalt heraus. So wurden 1912 im Ruhrgebiet insgesamt 875 Vereine mit 82.000 Mitgliedern gezählt.[20] Die Bandbreite reichte von kirchlichen Arbeitervereinen und Rosenkranz-Bruderschaften über Radfahrer- und Lotterievereine bis hin zu den nationalpolnischen „Sokoł"-Turnvereinen, deren Treffen und Feste die misstrauische deutsche Obrigkeit rasch zu paramilitärischen Übungen hochstilisierte. Zwischen 1899 und 1905 gegründet, wiesen diese Turnvereine im Ruhrgebiet bis 1914 zusammen kaum mehr als 5500 Mitglieder auf.[21] Darüberhinaus gab es polnische Bibliotheken, eigene Sprach- bzw. Schulkurse für polnische Kinder und sogar auch eine „Uniwersytet Ludowy", eine polnische „Volks-Universität für Rheinland-Westfalen" mit mehreren tausend Hörern.

Diese Subkultur, eng verzahnt mit dem religiös-kirchlichen Leben, führte die Ruhrpolen zusammen und ermöglichte es ihnen, nach außen hin weitgehend geschlossen aufzutreten. So konnten sie auch Kandidaten in die Stadtverordneten-Versammlungen und Gemeinvertretungen wählen. 1906 stellten sie lediglich einen kommunalen Abgeordneten im Ruhrgebiet, 1911 waren es bereits 19, 1914 schließlich 35 – und das trotz der vielfältigen Hindernisse und Diskriminierungen, insbesondere auch des preußischen Dreiklassenwahlrechts. Als auch diese Hürde mit dem Kriegsende und der Revolution gefallen war, waren 1919 insgesamt 249 ruhrpolnische Abgeordnete in den kommunalen Gremien des Reviers vertreten.

Abwanderung und Selbstbehauptung: Das ruhrpolnische Milieu nach 1918

„Gehen Sie jetzt wieder in Ruhe und ohne Hass und Feindseligkeit gegen unsere polnischen Mitbürger an die Arbeit."
(Schlussredner einer Protestversammlung in Bottrop am 16. Oktober 1921, die sich gegen die Grenzziehung des Versailler Vertrages in Oberschlesien richtete)[22]

Nach Ende des Ersten Weltkrieges war der polnische Staat – 123 Jahre nach der letzten polnischen Teilung – wiederhergestellt worden. Der Friedensvertrag von Versailles räumte den Polen an der Ruhr die Möglichkeit ein, sich zwischen deutscher und polnischer Staatsangehörigkeit zu entscheiden. Das war keine leichte Wahl, schließlich hatten die Polen an der Ruhr zu wählen zwischen Bleiben und Gehen, zwischen sozialer Bindung im Industrierevier und nationaler Bindung an den neu aufzubauenden Staat, zwischen wirtschaftlichem Eigeninteresse und loyalem Verhalten, zwischen dem Heimisch-Werden im Westen und dem Neuanfang im Osten, nicht zuletzt auch die Wahl zwischen der Existenz in einer Minderheit, der Skepsis und Misstrauen, nicht selten auch offene Ablehnung entgegenschlug, oder den neuen Chancen einer Mehrheitsgesellschaft.

Wie die Entscheidung im Einzelnen ausfiel, ist mit exakten statistischen Daten nicht zu ermitteln. Dafür sorgten schon die unscharfen Trennlinien der Volkszugehörigkeit. „Die Kriterien, wer als Pole, wer als Masure gezählt und wer zu

Deutschen gerechnet wurde, verschwimmen jedoch für diese Jahre (1918-1923) sowohl auf polnischer als auch auf deutscher Seite vollends. Eine in äußerer und innerer Auflösung begriffene Volksgruppe lässt sich praktisch nicht mehr statistisch erfassen."[23] Hinzu kam die Unklarheit der nationalen Grenzen, die sich in den frühen Nachkriegsjahren mehrfach änderten. Richard C. Murphy hat die damit verbundenen Schwierigkeiten auf den Punkt gebracht, als er schrieb: „Wenn jemand Bottrop am 29. Juni 1919 in Richtung Krotoschin (Posen) verließ, kam er dann in Polen oder in Deutschland an? Der Vertrag wurde einen Tag zuvor unterzeichnet, aber das Gebiet wurde erst am 10. Januar 1920 in aller Form an Polen übertragen. Ähnliche Fragen ergeben sich bezüglich der Volksabstimmungsgebiete. War eine Eisenbahnfahrt nach Kattowitz erst nach dem 19. Juni 1922 eine Reise ins Ausland? Die Frage ist noch komplizierter, wenn das Reiseziel östlich der Weichsel lag. Dieses Gebiet war bis zum Ende des russisch-polnischen Krieges umstritten."[24]

Die Folgen der Umwälzungen, das Ausmaß der Abwanderung lassen sich bestenfalls schätzen. Unter dem Strich ergibt sich danach das Bild, dass sich die Gruppe der Ruhrpolen in drei etwa gleichgroße Gruppen spaltete:
> Etwa ein Drittel der rund 350.000 Ruhrpolen blieb im Westen. Nach amtlichen Angaben der polnischen Konsulate sowie Schätzungen des polnischen Dachverbandes lebten Ende der 1920er Jahre zwischen 96.000 und 120.000 Personen im Rheinland und Westfalen; nicht mitgezählt ist die masurische Bevölkerung.[25]
> Ein Drittel entschied sich für die Rückkehr nach Polen.
> Etwa ein Drittel entschied sich, ebenfalls das Ruhrgebiet zu verlassen und in die Kohlereviere Nordfrankreichs weiterzuwandern. Von dort aus, das sei als Ausblick an dieser Stelle erwähnt, wurden viele während des Zweiten Weltkrieges von den deutschen Besatzern deportiert: zur Zwangsarbeit ins Ruhrgebiet.

Zwischen 1918 und 1922/23 kam es zu einer Massenabwanderung aus den Städten an der Ruhr. Etwa 200.000 Ruhrpolen verließen binnen weniger Jahre das Land. Allein in Herne, um ein Beispiel zu nennen, schrumpfte der Anteil der polnischen Minderheit im Vergleich zur Gesamtbevölkerung der Stadt von 24 Prozent (1914) auf 2,6 Prozent (1924). 1910 hatten in der Stadt rund 12.300 Polen gelebt, 1920 waren es noch rund 9000, 1924 rund 1700.[26]

Tempo und Ausmaß dieser Ab- bzw. Rückwanderung sprechen kaum für eine erfolgreiche Integration – und auch nicht für das im Ruhrgebiet gerne gepflegte, selbst von Wissenschaftlern verbreitete populäre Selbstbild vom angeblichen „Schmelztiegel" an der Ruhr, in dem Fremde bzw. Zuwanderer rasch heimisch geworden und auf Dauer integriert worden seien. Dieses Selbstbild ist mit den historischen Erfahrungen der Mehrheit der Ruhrpolen kaum in Einklang zu bringen.[27] Denjenigen Ruhrpolen, die blieben, gelang es relativ rasch, die Organisationen der Subkultur zu stabilisieren, wenn auch mit zahlenmäßig stark geschrumpftem Ausmaß. Mehr als 1450 polnische Vereine waren im Ruhrrevier im Mai 1920 amtlich gemeldet. Doch der Schwung der frühen Friedensjahre während der Weimarer Republik ließ in der Minderheit der Ruhrpolen rasch nach – nicht zuletzt, weil der polnische Nationalstaat die Subkultur der Vereine im Revier weitgehend unnötig machte. „Wer als Pole im Ruhrgebiet das Nationalgefühl für den höchsten Wert gehalten hatte, konnte ihn sich nunmehr in einer Tagesreise per Eisenbahn verwirklichen"[28], so der Historiker Richard C. Murphy. Zur Lage der im Westen bleibenden Minderheit in den 1920er- und 1930er Jahren seien einige Daten genannt:[29]

> Der deutschlandweite aktive Dachverband, der 1922 gegründete „Verband der Polen in Deutschland", hatte 1924 rund 32.000 Mitglieder, davon 9000 im Bezirk Rheinland-Westfalen – es war der stärkste der fünf Landesverbände; 1931 sollen dort sogar rund 16.000 Ruhrpolen Mitglieder gewesen sein. Diesem Dachverband waren die jeweiligen Zusammenschlüsse der polnischen Gesangs-, Schul-, Jugend- und Turnvereine eher locker zugeordnet.

> Die Gewerkschaft ZZP verlor in den 1920er Jahren ihre Bindekraft, zumal es die ruhrpolnische Subkultur, der sie ihre Entstehung verdankte, kaum mehr gab. 1924 hatte die Gewerkschaft noch rund 8000 Mitglieder, fünf Jahre später waren es keine 3000 mehr. 1930 errang sie noch „ganze drei Mandate"[30], ein Jahr später keines mehr.

Schalke 04 wird Deutscher Fußballmeister : Sämtliche Spieler der Meistermannschaft waren in Westfalen geboren und aufgewachsen, die Elternpaare von acht Spielern – etwa von Ernst Kuzorra, Ernst Kalwitziki, Rudolf Gellesch, Walter Badork oder Fritz Szepan – stammten aus Polen bzw. Masuren. Das trug dem Schalker Club in Deutschland den Ruf eines „Polacken-Vereins" ein, während das Warschauer Sportblatt „Przegląd Sportowy" jubelte: „Polen deutsche Meister!"

> Größere Erfolge zeigte das Engagement der Ruhrpolen um ihre religiöse und kulturellen Eigenheiten: sei es beim Aufbau polnischer Kindergärten oder beim polnischen Schul- oder Sprachunterricht. Nach dem deutschsprachigen Volksschulunterricht organisierten die Vereine bzw. die kirchlichen Gemeinden eigene polnische Sprach- und Schulkurse; deren Zahl nahm ab Mitte der 20er Jahre bis etwa 1935 sogar zu, auch wenn die Zahl der Teilnehmer schwankte oder tendenziell schrumpfte. Diese Kirchenvereine bzw. die religiösen Verbände der Ruhrpolen schlossen sich unter einem eigenen Dachverband, dem „Bund polnischkatholischer Vereine für gegenseitige Hilfe in Westfalen, im Rheinland und in den benachbarten Provinzen" zusammen. 1927 gehörten ihm 189 Vereine mit mehr als 10.000 Mitgliedern an.

Eine besondere Rolle spielte der Sport, insbesondere der Aufstieg des Fußballsports in den 1920er Jahren.[31] Aus England importiert und zunächst im bürgerlich-akademischen Milieu beheimatet, wandelte er sich im Revier rasch zum beliebten und integralen Teil der Freizeitkultur der Arbeiterschaft. Daran hatten gerade auch polnische bzw. masurische Einwanderer ihren Anteil, wie schon die Gründung von später so erfolgreichen Fußballclubs wie Schalke 04 oder Borussia Dortmund zeigt. Während die „alten" Sokoł-Vereine schrumpften und Mitte der 1920er Jahre im gesamten Revier nur noch etwa 1200 Mitglieder zählten, erfreuten sich die neuen Fußball-Clubs bzw. die lokalen Fußballabteilungen der katholischen „Deutschen Jugendkraft" eines regen Zulaufes, gerade auch unter den polnischsprachigen bzw. masurischen Einwanderern der zweiten und dritten Generation.[32]

Faire Wettkampfregeln und vor allem sportliche Leistung konnte hier die soziale bzw. nationale Diskriminierung als „Arbeiter" bzw. als „Polacke" vergessen machen. So wurden die Fußballvereine, wurde das Fußballfeld selbst zur Bühne des sozialen Aufstiegs und der erfolgreichen Integration. Spielerlegenden wie Ernst Kuzorra oder Fritz Szepan, deren Eltern aus Masuren stammten und um 1890 eingewandert waren, stiegen in den 1920er und 1930er Jahren zu Identifikationsfiguren einer Jugend auf, die der – ohnehin gelockerten – ruhrpolnischen Subkultur entwachsen war.

Das alles darf nicht darüber hinwegtäuschen, dass den Ruhrpolen in den 1920er Jahren ein Klima des Misstrauens bis hin zu offener Ablehnung entgegenschlug. In der aufgeheizten Atmosphäre von Ruhrkampf und Inflation, Nationalitätendebatte und latentem bis offenen Bürgerkrieg von rechts (Kapp-Putsch, Freikorps-Agitation und Erstarken völkisch-nationalistischer Bewegungen) kam es wiederholt zu Demonstrationen. So endete eine Kundgebung in Essen am 29. August 1920 mit antipolnischen Exzessen.[33] In Bochum-Riemke protestierten im April 1921 deutsche Katholiken auf einer Kundgebung gegen die Gründung polnischer Schulen und gegen die Einführung der polnischen Sprache in der Kirche.[34] Kurzum: Die Lage der Ruhrpolen blieb angespannt – auch darüber kann die Formel vom „Schmelztiegel" allzu leicht hinwegtäuschen.

Zwischen scheinbarer Toleranz, Repression und Gewalt: Ruhrpolen im „Dritten Reich" (1933-1939/40)

„Mit dem Ausbruch des Krieges wurde es schlimm. 1933 haben die Eltern schon gesagt: Oh, für uns wird's schwer werden. Da hat keiner daran gedacht dass er (Hitler) sie rausholt und vergast, oder kommen ins KZ. Stachowiaks von Röhling- hausen sind doch fast alle ums Leben gekommen! Darüber will ich nicht sprechen. Das war schrecklich. Das, was wir erlebt haben, war nicht einfach. Wir leben ja noch, wir haben ja noch einen Schutzengel gehabt. Na ja, nun sind wir halt noch da."
(Aus dem Erinnerungsbericht von Maria S. aus Herne, 11. Juli 1994)[35]

Wenige Monate nach der Machtübertragung an Adolf Hitler und die NSDAP überraschte das NS-Innenministerium Ende August 1933 mit dem Erlass, „dass den Angehörigen der nationalen Minderheiten bei der Pflege ihrer ideellen und kulturellen Ziele keine Schwierigkeiten in den Weg gelegt werden und dass sie lediglich wegen ihrer nationalen Zugehörigkeit und bei legaler Betätigung kei- nen persönlichen Nachteilen ausgesetzt sind".[36] Auch der Abschluss des deutsch- polnischen Nichtangriffs- und Freundschaftsvertrags im Januar 1934 schien anzudeuten, dass sich die Lage der Ruhrpolen entspannen könnte. Doch schon der oben zitierte Erlass war nur legalistische Fassade. Hinter ihr war es bereits 1933 auf lokaler Ebene zu Verhaftungen, Versammlungsverboten, Durchsuchun- gen und kleinlichen Schikanen örtlicher Vertreter der Staatsmacht gekommen, von Arbeitsentlassungen ganz zu schweigen, die „bevorzugt" Arbeiter polnischer Herkunft trafen. 1935 sollen zwei Drittel der ruhrpolnischen Bevölkerung ohne Arbeit bewesen sein.[37]

Ihr Kampf um kulturelle Identität, per Erlass „eigentlich" geschützt, wurde in den folgenden Jahren zum Konfliktfeld. Der Gebrauch der polnischen Sprache in der Öffentlichkeit, vor allem aber das Versammlungsrecht der kulturellen und religiösen polnischen Vereine bestimmten die Konflikte zwischen Minderheit, regionaler Verwaltung und NSDAP; die Diskriminierung und Verfolgung der Minderheit überlagerte sich mit der Auseinandersetzung zwischen Staat, Partei und katholischer Kirche im Dritten Reich.

Unter dem Strich sahen sich die Angehörigen der Ruhrpolen einem Grund- muster von Beschimpfungen, Schikanen und Benachteiligungen in Schulen, Be- hörden, Betrieben und in der Öffentlichkeit ausgesetzt.[38] Um so erstaunlicher erscheint die Zahl derer, die nach wie vor Mitglieder polnischer Vereine blieben und sich mutig zu ihrer Herkunft und Identität bekannten. Ihre Zahl in Westfalen und im Rheinland bezifferte der Arnsberger Regierungspräsident im Juli 1935 auf rund 21.500 Personen. Die mit Abstand stärkste Gruppe bildete der „Bund polnisch-katholischer Vereine für gegenseitige Hilfe" mit ca 12.000 Mitgliedern in 282 Ortsgruppen. Der einst so starke Polenbund hingegen verfügte über rund 4500 Mitglieder, während zu den Gesangs- und den Schulvereinen jeweils rund 1.500 Mitglieder gezählt wurden. Die Politik der Repressalien im „Dritten Reich" traf als erstes die Gewerkschaft ZZP. Seit längerem ohnehin geschwächt, geriet sie früh unter den Druck des NS-Regimes, das im Mai 1933 die Gewerkschaften zerschlug und durch die totalitäre „deutsche Arbeitsfront" ersetzte. Polnische Arbeiter ohne deutsche Staatsangehörigkeit wurden unter Druck gesetzt, das Land zu verlassen.[39] Die Gewerkschaft löste sich in der ersten Jahreshälfte 1934 auf, das Büro in Bochum wurde am 1. Juli 1934 geschlossen.

Den beiden ruhrpolnischen Dachverbänden, dem ZPwN und dem „Bund polnisch-katholischer Vereine für gegenseitige Hilfe" gelang es, unter den totalitären Bedingungen des NS-Regimes zunächst weiterzuarbeiten. Der ZPwN konnte im Juni 1935 einen Kongress mit rund 5000 Teilnehmerinnen und Teilnehmern in Bochum organisieren. Gut zwei Jahre später, am 5. November 1937, gelang es einer ZPwN-Delegation sogar, bei einem offiziellen Gespräch mit Adolf Hitler eine Dokumentation zur Lage der polnischen Minderheit im Reich zu überreichen. Doch das war – wieder einmal – diplomatische Kulisse. Im Juni 1938 stellte eine weitere Dokumentation des Polenbundes fest, dass „die Lage der polnischen Volksgruppe sich im Gegenteil wesentlich verschlechtert"[40] habe.

Der Druck der NS-Verfolgung schweißte die beiden Dachverbände zusammen.[41] 1937 verabredeten sie in Bochum eine „vorläufige", 1939 eine endgültige Zusammenarbeit. Doch dazu war es zu spät. Sechs Wochen vor dem Angriff Hitler-Deutschlands auf Polen durchsuchten Gestapo-Beamte am 15. Juli 1939 das Gebäude der ZPwN in Bochum. Wenig später wurden auch die lokalen Büros der ruhrpolnischen Vereine durchsucht, die Gestapo verlangte die Herausgabe der Mitglieder- und Vorstandslisten.

Anfang September 1939, wenige Tage nach Kriegsbeginn, wurden alle polnischen Organisationen im Reich verboten und aufgelöst. Ihr Vermögen wurde beschlagnahmt. Eine Verordnung, nachträglich erlassen, von Generalfeldmarschall Göring, dem Generalbevollmächtigen Frick und dem Reichskanzleichef Lammers unterzeichnet und am 27. Februar 1940 im Reichsgesetzblatt bekanntgegeben, verlieh der Gewaltpolitik nachträglich den Schein von Legalität. Diese Verordnung verbot alle „Organisationen der polnischen Volksgruppe im Deutschen Reich (Vereine, Stiftungen, Gesellschaften, Genossenschaften und sonstige Unternehmen)". Die Vermögen der ruhrpolnischen Vereine wurden beschlagnahmt, deren „Verwaltungsträger (...) „scheiden aus ihrem Amt aus".[42]

Diese Formulierung war angesichts der Ereignisse der ersten Kriegswochen 1939 blanker Hohn. In Nacht-und-Nebel-Aktionen hatten Polizei- und Gestapobeamte die Funktionäre bzw. Mitarbeiterinnen und Mitarbeiter polnischer Vereine in ganz Deutschland verhaftet. Allein im Rheinland und in Westfalen sind im September/Oktober 1939 insgesamt 249 Vorsitzende bzw. Beschäftigte des ZPwN – überwiegend Arbeiter und Arbeiterinnen, Angestellte sowie Lehr- bzw. Hilfskräfte – inhaftiert und in Konzentrationslager interniert worden.[43] Ein Großteil dieser Verhafteten wurde 1940 wieder entlassen, sie wurden als Arbeitskräfte dringend benötigt. Allerdings hatten sie sich regelmäßig bei der Gestapo zu melden – und sie durften niemandem über ihre KZ-Haft berichten. Dennoch bleibt daran zu erinnern: Insgesamt 136 führende Mitglieder des ZPwN, davon 41 aus Westfalen und aus dem Rheinland, sind 1939/40 ermordet worden.[44]

In den Sog dieser Verhaftungswelle der ersten Kriegswochen gerieten auch jene katholischen Geistlichen, die in der Seelsorge für die polnische Minderheit aktiv waren und daran weiterhin festhielten. Einer von ihnen war Bernhard Poether, der sein Engagement letztlich mit dem Leben bezahlte.

Anmerkungen:

1 Nach: Reinhold Otzisk: Kaplan Bernhard Poether. Eine biographische Skizze. Bottrop 1979, unpag. (S. 18).

2 Zu den Standardwerken zählt bis heute die Studie von Christoph Kleßmann: Polnische Bergarbeiter im Ruhrgebiet 1870-1945. Soziale Integration und nationale Subkultur einer Minderheit in der deutschen Industriegesellschaft. Göttingen 1978 (=Kritische Studien zur Geschichtswissenschaft, Bd. 30); ferner ders., Einwanderungsprobleme im Auswanderungsland – das Beispiel der ‚Ruhrpolen'. In: Klaus J. Bade (Hg.): Deutsche im Ausland – Fremde in Deutschland. Migration in Geschichte und Gegenwart. München 1992, S. 303-310; Valentina Maria Stefanski: Zum Prozess der Emanzipation und Integration von Außenseitern. Polnische Arbeitsmigranten im Ruhrgebiet. Zweite Auflage Dortmund 1991 (=Schriften des Deutsch-Polnischen Länderkreises, Nr. 6); als Beispiele für Regionalstudien: Richard C. Murphy: Gastarbeiter im Deutschen Reich. Polen in Bottrop 1891-1933. Wuppertal 1982 (= Düsseldorfer Schriften zur Neueren Landesgeschichte und zur Geschichte Nordrhein-Westfalens, Band 5); Susanne Peters-Schildgen: „Schmelztiegel" Ruhrgebiet. Die Geschichte der Zuwanderung am Beispiel Herne bis 1945. Essen 1997. Im Zusammenhang der Migration von und nach Westfalen: Gisbert Strotdrees: Fremde in Westfalen – Westfalen in der Fremde. Zur Geschichte der Ein- und Auswanderung von 1200 bis 1950. Münster 1996, darin S. 67-72 (Polen im Ruhrgebiet) und 73-77 (Saisonarbeiter aus „Russisch-Polen" in der Landwirtschaft Westfalens). Neue Forschungsansätze deutscher und polnischer Historiker zusammenfassend, mit umfangreichem Verzeichnis poln. und dt. Literatur: Dittmar Dahlmann, Albert S. Kotowski, Zbigniew Karpus (Hg.): Schimanski, Kuzorra und andere. Polnische Einwanderer im Ruhrgebiet zwischen der Reichsgründung und dem Zweiten Weltkrieg. Essen 2005.

3 Vgl. Johannes Hoffmann: ebenda, S. 286. – Immerhin fand 2007 eine dreimonatige Sonderausstellung „Zuwanderer aus Polen im Ruhrgebiet 1871 bis heute" in der Zeche Hannover in Bochum-Hordel, einer Filiale des Westfälischen Industriemuseums des Landschaftsverbandes Westfalen-Lippe statt. Vgl. Dagmar Kift, Dietmar Osses (Hg.): Polen - Ruhr. Zuwanderungen zwischen 1871 und heute (= LWL-Industriemuseum Quellen und Studien Band 14), Essen 2007. – Zu jüngeren Überlegungen, die Migrationsgeschichte im Museum bzw. in der Denkmalpflege aufzugreifen,

vgl. Markus Harzenetter, Walter Hauser, Udo Mainzer und Dirk Zache (Hg.)
Fremde Impulse. Baudenkmale im Ruhrgebiet. Münster 2010, insbes.
S. 148-175.
Seit 2012 im Aufbau begriffen ist die Dokumentationsstelle „porta polonica"
in Bochum.

4 R. C. Murphy: Gastarbeiter (Anm. 2), S. 184.

5 Zit. nach: W. Matwieczyk in: D. Dittmann, A. S. Kotowski, Z. Karpus:
Schimanski, Kuzorra und andere (Anm. 2), S. 11.

6 Das folgende insgesamt nach der in Anm. 2 genannten Literatur,
insbesondere den dort genannten Studien von C. Kleßmann und V. Stefanski.

7 R. C. Murphy: Gastarbeiter (Anm. 2), S. 27.

8 R. C. Murphy: Gastarbeiter (Anm. 2), S. 34.

9 R. C. Murphy: Gastarbeiter (Anm. 2), S. 35.

10 Vgl. dazu: Andreas Kossert: Kuzorra, Szepan und Kalwitzki.
Polnischsprachige Masuren im Ruhrgebiet. In: D. Dittmann, A. S. Kotowski,
Z. Karpus: Schimanski, Kuzorra und andere (Anm. 2), S. 169-181.

11 Vgl. C. Kleßmann: Bergarbeiter (Anm. 2), S. 65-66.

12 Witold Matwiejczyk: Polnische Katholiken im Ruhrgebiet von 1871 bis 1914.
In: D. Dittmann, A. S. Kotowski, Z. Karpus: Schimanski, Kuzorra und
andere (Anm. 2), S. 11-36, Zitat S. 13.

13 Das folgende nach: R. C. Murphy: Gastarbeiter (Anm. 2), S. 84-86.

14 Vgl. ebenda, S. 85.

15 Zit. n. C. Kleßmann: Polnische Bergarbeiter (Anm. 2), S. 84.

16 F. Liss 1893 , zit. n. C. Kleßmann: Polnische Bergarbeiter (Anm. 2), S. 106.

17 Vgl. ebenda, S. 109.

18 Vgl. J. Kozlowski in: D. Dittmann, A. S. Kotowski, Z. Karpus: Schimanski,
Kuzorra und andere (Anm. 2), S. 147/148.

19 Vgl. C. Kleßmann: Polnische Bergarbeiter (Anm. 2.)S, 110-125;
J. Kozlowski: Die polnische Berufsvereinigung" (ZZP) im Ruhrgebiet von
1902-1939. In: Schimanski, Kuzorra (Anm. 2), 143-167.

20 Vgl. C. Kleßmann: Polnische Bergarbeiter (Anm. 2.) S, 94-105, Zahlen
von 1912 auf S. 103; S. Peters-Schildgen: Das polnische Vereinswesen in
der Kaiserzeit und in der Weimarer Republik. Ein Vergleich. In: Schimanski,
Kuzorra (Anm. 2), S. 51-72.

21 Vgl. B. Lenz in: D. Dittmann, A. S. Kotowski, Z. Karpus: Schimanski,
Kuzorra und andere (Anm. 2), S. 241.

22 Bottroper Volkszeitung vom 17. /19. Oktober 1921, zit. n. R. C. Murphy:
Gastarbeiter (Anm. 2), S. 172.

23 C. Kleßmann: Polnische Bergarbeiter, S. 165

24 R. C. Murphy: Gastarbeiter, S. 177.

25 Angaben nach J. Kozlowski in: D. Dittmann, A. S. Kotowski, Z. Karpus:
Schimanski, Kuzorra und andere (Anm. 2.) S. 145.

26 Zahlen für Herne nach S. Peters-Schildgen: „Schmelztiegel" (Anm. 2), S. 37.

27 Vgl. dazu das ähnliche Urteil von Oliver Steinert: Die Integration

polnischer Zuwanderer von 1871 bis 1918. In: D. Dittmann, A. S. Kotowski, Z. Karpus: Schimanski, Kuzorra und andere (Anm. 2), S. 73-89, hier vor allem S. 88. Zum Schmelztiegel-Mythos und den Grenzen der Integration zusammenfassend Susanne Peters-Schildgen: „Schmelztiegel" Ruhrgebiet, S. 339-340.

28 R. C. Murphy: Gastarbeiter, S. 144.

29 Das folgende nach: Christoph Kleßmann: Zur rechtlichen und sozialen Lage der Polen im Ruhrgebiet im Dritten Reich. In: Archiv für Sozialgeschichte 17 (1977), S. 175-194. Die im folgenden zitierten Zahlenangaben dort auf S. 178/179. – Vgl. auch: C. Kleßmann: Polnische Bergarbeiter (Anm. 2), S. 172-177. Zur Gesamtlage der polnischen Minderheit in Deutschland auch Edward D. Wynot Jr.: The Poles in Germany 1919-1939. In: East European Qaurterly 30 (1996), S. 170-186.

30 C. Kleßmann: Polen im Ruhrgebiet im Dritten Reich (Anm. 24), S. 178.

31 Das folgende nach: Britta Lenz: „Polen deutsche Fußballmeister"? Polnischsprachige Einwanderer im Ruhrgebietsfußball der Zwischenkriegszeit. In: D. Dittmann, A. S. Kotowski, Z. Karpus: Schimanski, Kuzorra und andere (Anm. 2), S. 237-250; vgl. insgesamt Siegfried Gehrmann: Fußball, Vereine, Politik. Zur Sportgeschichte des Reviers 1900 – 1940. Essen 1988.

32 Vgl. dazu ebenda, S. 242-244.

33 Vgl. J. Kozlowski in: D. Dittmann, A. S. Kotowski, Z. Karpus: Schimanski, Kuzorra und andere (Anm. 2), S. 164.

34 Ebenda, S. 165.

35 Maria S., Herne, im Interview mit der Historikerin Susanne Peters-Schildgen am 11. Juli 1994, zit. n. S. Peters-Schildgen: „Schmelztiegel" Ruhrgebiet (Anm. 2), S. 292.

36 zit. n. C. Kleßmann: Polen im Ruhrgebiet im Dritten Reich (Anm. 24), S. 180. Vgl. derselbe: Polnische Bergleute (Anm. 2, S. 177-186.

37 vgl. C. Kleßmann: Polen im Ruhrgebiet im Dritten Reich (Anm. 29), S. 183.

38 Das folgende nach: Ebenda. S. 186-187.

39 Vgl. E. Wynot, The Poles in Germany (Anm. 29), S. 179.

40 Zit. n. C. Kleßmann: Polen im Ruhrgebiet im Dritten Reich (Anm. 24), S. 187.

41 Valentina Maria Stefanski: Die polnische Minderheit zwischen 1918 und 1939/45. In: Polen - Ruhr (Anm. 3), S. 33-44, hier S. 36.

42 Reichsgesetzblatt 1940, Tel 1, S. 444

43 Vgl. C. Kleßmann: Polen im Ruhrgebiet im Dritten Reich (Anm. 24), S. 188; V. M. Stefanski: Polnische Minderheit (Anm. 34), S. 42.

44 Ebenda.

Der Kelch

Ein kostbares Vermächtnis

Von Ewald Spieker

Von dem, was Kaplan Bernhard Poether persönlich besaß, ist ganz wenig erhalten. Aus heutiger Sicht wirkt es wie ein dunkles Geheimnis, warum fast alles vernichtet wurde: seine Bücher, seine Kleidung, seine Möbel und Predigten, seine Fotoalben. Es hängt wohl mit seiner Schwester Maria zusammen, die irgendwann alles beseitigt hat, aus unserem heutigen Interesse heraus kaum nachvollziehbar. Geblieben ist sein Kelch, das einzige kostbare Vermächtnis, das so sehr seine Handschrift trägt, dass es weit wertvoller ist als alle Fotoalben. Geblieben sind auch noch einige Aufzeichnungen von Fahrten aus Jugendtagen, die im Bistumsarchiv gesichert sind.

Bevor wir auf den Kelch von Bernhard Poether schauen, wollen wir einen kurzen Blick auf die religiöse Bedeutung dieses kostbaren Gefäßes in der liturgischen Tradition der katholischen Kirche werfen. Von Jesus heißt es im Abendmahlsbericht: „Da nahm er den Kelch, sprach das Dankgebet, reichte ihn den Jüngern, und sie tranken alle daraus" (Mk 14, 23). Der Kelch spielt von Anfang an in der Liturgie der Christen eine wichtige Rolle. In den ersten Jahrhunderten hat man wohl ein alltägliches Trinkgefäß für die Feier der Erinnerung an das Abendmahl verwendet. Je mehr aus den Gottesdiensten in Hauskreisen eine geformte Liturgie wurde, umso mehr wurden die liturgischen Instrumente würdig und angemessen gestaltet. Je mehr das Bewusstsein wuchs, wie kostbar das bleibende Vermächtnis Jesu an seine Jünger ist, um so kostbarer wurden die Gefäße gestaltet, immer wieder geprägt vom Kunstverständnis der jeweiligen Zeit.

So wird vom heiligen Liudger, dem ersten Bischof von Münster (743-809), überliefert, dass er einen eigenen Reisekelch besaß. Dieser sei erhalten geblieben, so war man lange überzeugt. Neuere Forschungen haben allerdings ergeben, dass dieser vermeintliche Kelch wahrscheinlich doch nicht dem heiligen Liudger gehört hat. All die Kelche der Kirche sind sprechende Zeugnisse für das Glaubensverständnis und die künstlerische Prägung der jeweiligen Zeit.

Kelch mit russischem Kreuz.

Lange waren die Kelche, die bei der Zelebration verwendet wurden, Eigentum der einzelnen Gemeinde. Wohlhabende Familien stifteten häufig Kelche, sei es für Söhne der eigenen Familie, sei es als Gabe für eine Kirche oder als Dotation für einen Wallfahrtsort.

Sehr viele Gedanken machte sich Bernhard Poether vor seiner Priesterweihe zur Gestaltung seines Kelches. Befreundet war er mit seinem Studienkollegen Ludwig Klockenbusch, der Zeit seines Lebens sehr kunstinteressiert war. Dieses Interesse hat die beiden wohl eng miteinander verbunden. Beide absolvierten ihr Studium gemeinsam, beide wurden am 17. Dezember 1932 zu Priestern geweiht. Schon vorher hatten beide der Jugendbewegung Quickborn angehört, ihre Freundschaft überdauerte den Tod von Bernhard Poether. Der Verfasser dieser Zeilen erinnert sich an zahlreiche Begegnungen mit Ludwig Klockenbusch, in denen dieser von seinem Studienfreund Bernhard Poether erzählte.

Bei Treffen der Jugendbewegung lernten Ludwig Klockenbusch und Bernhard Poether den jungen Künstler Hein Wimmer aus Düsseldorf kennen. Dieser Kontakt führte zu zwei beeindruckenden Kunstwerken: Poether und Klockenbusch beauftragten Hein Wimmer mit der Gestaltung ihrer Kelche. Entstanden sind zwei Kelche von großer Ähnlichkeit und sehr klarer individueller Verschiedenheit. Die „Handschrift" beider Auftraggeber ist an den Kelchen gut erkennbar. Beide Kelche haben eine bis heute „moderne" Grundform.

Ludwig Klockenbusch ist sehr zurückhaltend in der künstlerischen Ausgestaltung seines Kelches: Es gibt lediglich eine stilisierte Taube und einen modernen Schriftzug „Veni sanctificator". Die Schlichtheit ist sein Programm. Mit wenigen Worten und Zeichen ist alles gesagt, die gestaltete Form des Kelches braucht nicht mehr.

In der äußeren Gestalt gleichen sich beide Kelche. Bernhard Poether aber schreibt sein ganzes Lebensprogramm auf seinen Kelch: Ein russisches Kreuz steht prägend in der Mitte des Fußes, daneben die beiden Heiligen Cyrill und Methodius. „Jesus Christus du wirst siegen", dieses Bekenntnis hat Bernhard Poether in kyrillischer Schrift auf die Vorderseite seines Kelches schreiben lassen. Welch ein Programm von einem jungen Mann vor der Priesterweihe, der erfüllt ist von seiner Sendung zu den Menschen in Russland. Zu diesem Zeitpunkt hat er nicht die geringste Ahnung, unter welchen Umständen er in seinem Heimatland sterben wird. Das Kreuz und der Ostersieg Jesu Christi sind die entscheidenden Impulse.

Eindrucksvoll auch der Knauf des Kelches, ein echter Bergkristall. Kunstvoll gestaltet: Aus dem Namenszug Christi XP wachsen Weintrauben, sie versinnbilden das Blut Christi, Tauben picken an diesen Trauben, Menschen empfangen Lebenskraft aus dem Blut Christi. Dieser Kelch hat Kaplan Poether nicht in das Konzentrationslager Dachau begleitet, der Glaube, der in dem randvoll gestalteten Kelch seinen Ausdruck findet, hat ihn getragen. Heute sehen wir in diesem eine prophetische Vision, die sich in seinem Leiden und Sterben im KZ erfüllte.

Zwei Heilige zieren den Kelch: Cyrill und Methodius, zwei Brüder, die seit 863 gemeinsam als Missionare bei den Völkern der Mähren und Ungarn wirkten. Cyrill übersetzte biblische und liturgische Texte in die Sprache des Volkes; er entwickelte eigene Schriftzeichen, die kyrillischen Buchstaben. Diese Schriftzeichen finden sich auf dem Fuß des Kelches von Bernhard Poether.

Diese beiden Heiligen sind für ihn Vorbild und Programm, seine eigene Sendung sieht er in den Spuren dieser zwei Missionare. Im 9. Jahrhundert stieß die Verwendung der slawischen Sprache bei den westlichen Bischöfen auf viele Vorbehalte. In einem wegweisenden Wort hat Papst Johannes VIII. im Jahr 880 die slawische Liturgie gut geheißen mit den Worten: „Derselbe Gott, der die drei hauptsächlichen Sprachen, nämlich die hebräische, die griechische und die lateinische geschaffen hat, er hat auch alle anderen Sprachen zu seinem Lob und zu seiner Ehre geschaffen." Ein weises Wort in prophetischer Klarheit – bedeutsam auch noch für unsere Zeit! Wie eine nachträgliche Bestätigung der Vision von Bernhard Poether wirkt die Ernennung dieser beiden Heiligen Cyrill und Methodius zu Patronen Europas durch Papst Johannes Paul II, der sich selbst als Papst „aus dem fernen Osten" verstand. Auf der Rückseite des Kelchfußes steht das Zitat des Kirchenvaters Cyprian: „Am Altare muss ein Priester stehen, der nicht mit Worten allein, sondern durch die Tat das Volk ermahnt, zu bekennen und Zeugnis abzulegen." Bis zu seinem Tod im Konzentrationslager Dachau blieb er diesem selbst gewählten Lebensprogramm treu.

Dieser Kelch begleitete Kaplan Bernhard Poether durch die wenigen Jahre seines priesterlichen Wirkens: in Südkirchen, Gelsenkirchen-Buer (Beckhausen),

Die Kelche von Dr. Ludwig Klockenbusch und Bernhard Poether.

Gladbeck-Zweckel und in Bottrop-Batenbrock. Nach seinem Tod am 5. August 1942 in Dachau kam der Kelch wohl zurück zu seiner Familie nach Hiltrup. Als im Jahr 1956 der damalige Kaplan Bernhard Ensink von St. Clemens in Hiltrup zum Pfarrer der neu gegründeten Gemeinde St. Marien ernannt wurde, gab Schwester Maria Poether diesen Kelch ihres Bruders dem ihr gut bekannten neuen Pfarrer mit. In dieser „Mitgift" liegt bis heute der Grund, dass der Kelch in einer Kirche aufbewahrt wird, die es zu Zeiten von Kaplan Poether noch gar nicht gab. Bis heute ist der Kelch dort in guter Obhut.

Im Jahr 2010 kam eine überraschende Information auf, dass neben dem Kelch noch ein Messgewand von Kaplan Bernhard Poether erhalten geblieben sei. Eine Mitarbeiterin aus der Paramentengruppe von St. Marien vertrat nachdrücklich die Überzeugung, dass ein grünes Messgewand Kaplan Poether gehört habe. Weitere Informationen und intensive Untersuchungen ließen Zweifel an dieser Darstellung aufkommen. Umso dankbarer sind wir, dass uns sein Kelch erhalten geblieben ist, ein Kelch von unschätzbarem ideellen Wert.

Dr. Ludwig Klockenbusch hat vor seinem Tod entschieden, dass sein Kelch Bischof Dr. Reinhard Lettmann übergeben wird. Beide waren einander freundschaftlich verbunden. Seither steht dieser Kelch im Bischofshaus in Münster.

Im November 2012 hatte ich ein Gespräch mit Bischof Reinhard Lettmann. Wir haben auch über den Kelch von Dr. Klockenbusch gesprochen. Bischof Reinhard sagte bei dieser Gelegenheit: „Der Kelch muss nicht immer im Bischofshaus bleiben." Meine Anfrage an Bischof Dr. Felix Genn im Sommer 2013 wurde sehr freundlich und positiv entschieden: Der Kelch von Dr. Klockenbusch wird als Leihgabe der Gemeinde St. Clemens, Münster Hiltrup, überlassen, um diesen Kelch und den von Bernhard Poether als gemeinsame Erinnerung an diese befreundeten Priester und an den Künstler Hein Wimmer zu bewahren und zugänglich zu machen. Danke!

Staunend berührt mich, wie Kaplan Bernhard Poether vor seiner Priesterweihe seine priesterliche Sendung verstanden und als seine Lebensberufung eindrucksvoll in seinen Kelch hat einarbeiten lassen: Allerdings steht nicht die künstlerische und ästhetische Gestaltung hier im Vordergrund: Es geht um seine missionarische Sendung zum russischen Volk, im Zeichen Jesu Christi, des Gekreuzigten, nach dem Vorbild der Slawenmissionare Cyrill und Methodius, und im Wissen darum, dass alles von ihm gefordert werde, und in der Bereitschaft, dem Gekreuzigten zu folgen, denn „In diesem Zeichen wirst du siegen".

Eine Vision, die sich als wahr erwiesen hat, auch und gerade im Martyrium. Einen solchen Priester und Glaubenszeugen können und dürfen wir nicht vergessen!